JN042211

今日からはじめる！ すぐできる！

吹奏楽新時代の指導メソッド

オザワ部長（編）

Gakken

もくじ

はじめに —— 吹奏楽が「ピンチ」だ!

これまで学校の部活動では最大の部員数を誇り、文化系部活動を代表する存在だった吹奏楽部。

ところが、いま、その吹奏楽が「ピンチ」に直面しています。

国民の実に10分の1が吹奏楽経験者で、その数は数百万人と言われています。吹奏楽連盟に加盟している団体は中学校と高校だけで約12,000校。小学校から職場・一般まで含めると13,500団体を超えています。

放課後になると近隣の学校からは楽器の音が響き、週末にはどこかのホールや体育館、野外ステージなどで吹奏楽のコンサートが開かれている、というのが日常の風景でした。

吹奏楽というと、「熱心に練習をする部活」「本番が多い部活」という印象があると思います。そもそも大人数で多彩な楽器を用いて音程やハーモニーを揃え、美しい音楽を生み出す吹奏楽の練習には、楽器の準備から基礎練習、パートやセクションごとの練習、全体での基礎合奏や曲の合奏、片付けに至るまで、長い時間が必要であるという事情もありました。

また、吹奏楽界の一大イベントである吹奏楽コンクールをはじめ、マーチングコンテストやマーチングバンド全国大会、アンサンブルコンテスト、ソロコンテストなど様々な大会があり、あるいは定期演奏会や合同コンサートなど、本番の演奏の機会も豊富にありました。

中高の吹奏楽部は、音楽的才能を持つ部員たちをさらに成長に導いて数多くのプロの音楽家や指導者、教員を生み出す土壌となってきました。多くの子どもたちが音楽だけでなく、社会性を学び、集団における自分の存在価値や役割を学び、共同して活動することの喜びを知り、目標に向けて努力する方法を体得する場でもありました。複雑な家庭環境であったり、クラスでは不遇な立場にあったり、勉強もスポーツも苦手であったりするような子どもにとっては、まさに自分が生き生きとしていられる居場所、救われる場所でもありました。

単に「放課後に音楽をするクラブ」というだけでなく、非常に多面的な教育的意義を持つ部活動だったわけです。

メディアに取り上げられる機会も増え、アニメやドラマなども制作され、「吹奏楽ブーム」とも呼ばれる状況になっていました。

しかし、2010年代後半から強烈な逆風が吹き始めます。2018年に「文化部活動のあり方に関するガイドライン」が文化庁から出され、2019年には文部科学省から「学校における働き方改革に関する取組の徹底について」が通知されます。これによって、すべての学校ではありませんが、練習時間や活動内容に一部制限が入るようになりました。

そして2020年、新型コロナウイルスが吹奏楽を直撃しました。

コンクールやコンサートが中止になるだけでなく、部活動自体がストップしたり、活動するにしても徹底した感染症対策を施すことが求められたりしました。音楽室やパート練習を行う教室に入る人数を制限し、頻繁に手指や椅子等の消毒を行い、練習時間そのものを短く、練習日数も少なくする……といった様々な対策が行われましたが、緊急事態宣言の発出や校内での感染者の発生によって活動停止になってしまう例もありました。

また、コンクールやコンサートなどが再開された後も、学校や自治体等の判断によって出場辞退や中止を余儀なくされることもありました。

従来の吹奏楽の活動はまさに「密」であることによって成り立っていた部分もあるため、実際に練習や本番等によって感染しやすくなるかどうかという科学的根拠はさておいて、大きく活動を制限されることになりました。

もともと少子化によって生徒数が減少していることに加えて、コンサート等で吹奏楽の魅力を伝える機会が失われ、また、活動を制限されていることによって、部員数が減少したバンドも多数出てきました。

指導者の世界でも、コロナによって人的交流がストップ。たとえば学校同士の合同練習や指導者が他校を訪れて見学すること、手本とする指導者から教えを請うことができなくなりました。毎年5月に静岡県浜松市で行われていた吹奏楽指導の大イベント「日本吹奏楽指導者クリニック(ジャパンバンドクリニック)」も2020年は中止、2021年は縮小された形での開催となり、有名な指導者のレクチャーを受講する機会が大きく失われました。

まさに、あらゆるベクトルにおいて吹奏楽は「ピンチ」を迎えたのです。

しかし、ガイドライン以降、私は取材を続けていく中で、現場の指導者の方たちが以前のやり方に固執するのではなく、新たな状況に対して敏感に対応し、指導法をアップデートしていることに気づきました。

そのメソッドを多くの指導者の方たちにお伝えしたい、顧問になったばかりで指導の仕方がわからない先生方の後押しをしたい、知恵を共有することで吹奏楽界が「ピンチ」を脱する一助となりたい——。そんな思いで本書を制作いたしました。

小編成指導、音感教育、サウンド作り、人間教育、練習の効率化……といったいま重視される項目について、6人の素晴らしい先生方がご自身のメソッドを惜しみなくレクチャーしてくださいます。

吹奏楽部の顧問の先生、外部講師の方たちはもちろん、吹奏楽部の部長・学生指揮者・コンサートマスター／ミストレス、職場・一般バンドのリーダー、吹奏楽に興味を持つすべての方たちにお読みいただければ幸いです。

第1章

新時代の主流！　秘めた可能性は無限大
「小編成のススメ」

大編成にも通じる基礎的な吹奏楽指導法＆発想の転換

都賀城太郎先生
（藤村女子中学・高等学校吹奏楽部顧問）

近年の少子化に加え、新型コロナウイルスの影響もあってか、全国でバンドの小編成化が加速しています。では小編成は不自由で、やれることは限定されているかというとそんなことはありません。大編成で全日本吹奏楽コンクール常連バンドだった春日部共栄高校吹奏楽部（埼玉）から、小編成の藤村女子中学・高校吹奏楽部（東京）へ移った都賀城太郎先生は、小編成での可能性の追求をしています。この章では吹奏楽指導のビギナーにも取り組めて、大編成バンドにも応用できる注目のメソッドをご紹介します。

PROFILE

（つが・じょうたろう）1954年生まれ。神奈川県出身。東京理科大学、大阪芸術大学卒。東京学芸大学大学院修士課程修了。現在、東京大学大学院在学中。1981年、春日部共栄高校に理科（物理）の教員として赴任。吹奏楽部顧問として、当初は部員１名だった同部を全国トップレベルにまで育て上げ、全日本吹奏楽コンクールに10回出場（金賞５回、銀賞５回）。2015年、60歳の定年を機に藤村女子中学・高校に移り（当初の部員数は中高合わせて７名）、新たなチャレンジを続けている。

Method

小編成バンドの指導は面白い!

少子化で部員数が減り、30～35名以下になると、吹奏楽コンクールのカテゴリでは小編成バンドということになります。しかし、それは「いままでできたことができなくなる」のでも、「バンドが衰えた」のでもなく、新たな挑戦ができるフェーズに入ったことを意味します。都賀先生の実践に基づく指導法をお読みください。

●小編成の指導は柔軟な発想とアイデアで

近ごろ、私が肌で感じているのは、部員数が減って疲弊しているバンドが増えてきているということです。藤村女子中学・高校吹奏楽部も私が着任した2015年は中高生合わせて部員７人の極小編成（ごくしょうへんせい）、2021年度は25人の小編成です。

大編成の春日部共栄高校吹奏楽部から藤村女子に移った私は、小編成バンドの指導の講習会を依頼される機会が増えましたが、前述したように部員数の減少で苦しんでいる先生方のほか、「大編成のバンドは予算が多くて楽器も豊富にあると思いますけど、うちは小編成で……」といった悲観的な声をよく聞きます。

ですが、ちょっと待ってください。

藤村女子中学・高等学校吹奏楽部の2021年度部員と都賀城太郎先生、顧問の砂山瑞穂先生

そもそも吹奏楽には、編成・楽器・演奏スタイルなど「こうでなくてはならない」という縛りはほとんどありません。つまり、指導者のアイデア次第で充実したサウンドをつくり上げたり、演奏する生徒自身にも聴き手(観客)にも楽しんでもらったりすることは可能です。そして、「どうやったら良くなるか」といろいろ思案するのはけっこう楽しいものです。小編成や極小編成だからこそ、柔軟な発想を持つことで大編成にはできない多くの可能性を広げることができます。そのためには指導者がたくさんの引き出しと柔軟な思考を持っていたいものです。

全国の小編成や極小編成の指導者の皆さん、勇気を持ってがんばりましょう！

私自身、部の運営などに悩むことは多くあります。そのたびに考えるのは、「クイズや勉強などにたとえるなら、いま自分は上級者用の問題を解いているんだ」ということです。「こんな難問は自分だからこそ解けるし、解けたらカッコいい」と思うと、前向きな気持ちで取り組むことができます。

皆さんの中には「私は部活運営や音楽の知識がないからよくわからない」とか、「指導は初心者なので、上級者用の問題なんて解けっこない」と思っている方もいらっしゃるかもしれません。しかし、吹奏楽部の運営の「問題」は、数学や英語とは違い、初心者が取り組んでも充分に手応えを感じることができます。

それでは、小編成バンドの指導法を具体的にお伝えしていきましょう。

●編成の組み方のアイデア

従来の吹奏楽指導では、大編成を基本として、そこから楽器を削っていったものが小編成という考え方がありました(減算法)。私は逆に、５人を最小の単位としてそこから増やしていく考え方をしています(加算法)。

次のページの表「編成の基本的な考え方」をご覧ください。編成の基本は4声体(ソプラノ、アルト、テノール、バス)。表ではソプラノ＝D、アルト＝C、テノール＝B、バス＝Aに相当しています。A～Dの各グループから管楽器を１本ずつ選び、響きを豊かにするためにピアノや打楽器を加える。あるいは、B～Dで4本選び、低音や全音域をピアノで補強するという方法もあります。打楽器に、管楽器と同等に旋律や和音を受け持たせるのも効果的です。あとは、部員数に応じて各グループの楽器の数を増やします。

私としては、小編成バンドは必要に応じてシンセサイザーなどの電子楽器を取り入れることも大事だと考え、実践もしています。クラシカルな音楽を演奏する際、アコースティックな音にこだわるあまり「ピアノや電子楽器を取り入れるのは邪道」

と考える指導者もいまだにたくさんいます。しかし、実はプロの世界ではピアノや電子機器の使用は当たり前。プロ吹奏楽団でも、会場によっては楽器にピックアップマイクをつけているそうです。ところが、学校現場ではいまだに根性で大きな音を出すような指導が見受けられます。

大事なのは、生徒に豊かなサウンドを体験させるにはどうしたらいいのか、聴き手に満足してもらえるサウンドをどうやってつくればいいのか、という観点で楽器の組み合わせや様々なアイデアを考えることです。

編成の基本的な考え方

<table>
<tr><th>グループ名</th><th>木管</th><th>金管</th><th>打楽器</th><th>その他</th></tr>
<tr><td>D</td><td>ピッコロ、フルート
E♭クラリネット
B♭クラリネット</td><td></td><td>グロッケン
トライアングル
ウインドチャイム</td><td rowspan="4">ピアノ
シンセサイザー</td></tr>
<tr><td>C</td><td>オーボエ
B♭クラリネット
ソプラノサクソフォン
アルトサクソフォン</td><td>トランペット
コルネット
フリューゲルホルン</td><td rowspan="2">シロフォン
マリンバ</td></tr>
<tr><td>B</td><td>テナーサクソフォン
アルトクラリネット</td><td>ホルン
トロンボーン
ユーフォニアム</td></tr>
<tr><td>A</td><td>ファゴット
バスクラリネット
コントラバスクラリネット
バリトンサクソフォン
コントラバス</td><td>バストロンボーン
E♭テューバ
B♭テューバ</td><td>ティンパニ
バスドラム</td></tr>
</table>

●持っていない楽器を他の楽器で補うには？

小編成バンドでは、「楽譜で指定されている楽器がうちにはない」ということが往々にして起こります。その場合、他の楽器で補うことになりますが、当てはめる楽器は「同一グループの楽器で代替する」が基本的なルールです。ただ、Cグループに入っているアルトサックスの中低音域は、Bグループのテナーサックスでもカバーできる、といったこともありますので、工夫のしがいがあります。

下の図は、どの楽器で代替するかを考える際に便利な音域表です。黒い部分はチューニングの基本音なので、そこからイメージして楽器の置換を検討してみることをおすすめします。

管楽器音域表　※巻末の掲載資料リンクQRコードをご参照ください

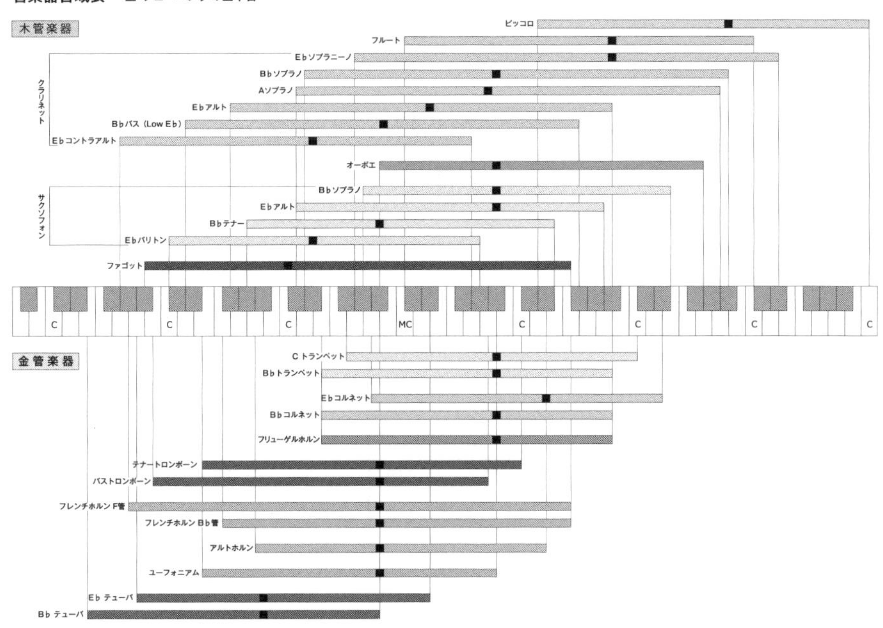

少人数バンドの楽器編成とその工夫

小編成のバンドでは、どの楽器をいくつ使うか、といった楽器編成が大きな悩みの種。ここでは前項に引き続いて、都賀先生が編み出した楽器編成の方法を見ていきましょう。5人から30人まで、幅広いタイプに対応した方法です。

「編成の組み方のアイデア」のところで書きましたが、私が藤村女子で指導をしながら編み出した編成の方法が「加算法による編成」です。最少人数を5人として(A～Dの各グループから1本ずつ＋ピアノやシンセ)、7人になったら何を増やせばいいか、20人、30人になったら各グループは何人ずつがいいのか、といったことを表にまとめました。

メンバーが5人いるとき、管楽器のみのアンサンブルにするのも良いのですが、シンセサイザーや電子オルガンなどを入れることで全体のサウンドが大きくグレードアップします。

加算法による編成表

グループ名	楽器名	5人	7人	10人	15人	20人	25人	30人
D	ピッコロ フルート E♭クラリネット	1	1	1	2	3	3	4
C	オーボエ B♭クラリネット アルトサクソフォン トランペット	1	2	3	4	5	7	8
B	テナーサクソフォン ホルン トロンボーン ユーフォニアム	1	1	2	3	5	6	8
A	ファゴット バスクラリネット バリトンサクソフォン テューバ コントラバス	1	1	1	2	4	5	5
A～D	ピアノ・シンセサイザー	1	1	1	1	(1)	(1)	(1)
	パーカッション		1	2	3	3	4	5

Method

小編成は本当にデメリット？

大編成と比較されると、サウンド面などでは到底かなわない印象のある小編成。どうしても不利な部分に目が行きがちですが、都賀先生は「小編成こそ自由なアイデアを活かせる」と逆転の発想を提案します。

●プロ小編成の現場

「大編成に比べて迫力がない、音の厚みが足りない、音色のバリエーションが少ない」など、小編成にはデメリットが多いように思われがちですが、本当にそうでしょうか？　もちろん、大編成には大編成なりの良さがありますが、小編成にも良さやメリットがあるはずです。それを考えてみましょう。

私はジャズをやっていたことがありますが、ジャズバンドの場合、トリオ（3人）・クァルテット（4人）・クインテット（5人）で演奏することが当たり前ですし、グレン・ミラーなどに代表されるビッグバンドでも基本は17人前後。まさに、吹奏楽で言うところの極小編成～小編成で迫力の演奏を生み出しています。

私はニューヨークでブロードウェイ・ミュージカルを見たことがありますが、

藤村女子中学・高校吹奏楽部の合奏風景

オーケストラピットにいるのは10人ほどで、打楽器奏者は１人でした。そして、ボタンを押すことで各種の効果音(SE)を出していました。本場のミュージカルの現場でもまさに小編成で、電子楽器などが活用されているのです。

吹奏楽の世界でも、シュピール室内合奏団という極小編成のプロ楽団があり、フルート・クラリネット・ソプラノサックス・アルトサックス・ホルン・ユーフォニアム・チューバ・ピアノ(＋曲によって打楽器)という８〜９人の編成で大編成の吹奏楽曲やオーケストラの編曲作品を演奏しています。

さて、私が顧問を務める藤村女子中学・高校吹奏楽部を振り返ってみると、着任した2015年は７人でした。日本管楽合奏コンテストに参加しようということになりましたが、当時は規定でA部門(小編成)でも最少10人からとなっていました(現在は３〜15人で参加できるS部門があります)。そこで、吹奏楽に興味を持ってくれたボーカロイド研究会の２人とソフトボール部の１人に助っ人を頼み、10人にしました。彼女たちが管楽器を習得するのには時間がかかりますが、ボーカロイド研究会の２人にはシンセサイザーを、ソフトボール部にはローランドの「ハンドソニック」(※次項で紹介)という電子楽器を演奏してもらうことにしました。

これは苦肉の策ということではなく、実は私は春日部共栄から藤村女子に来るとき、すでに「電子楽器を使うなどして工夫してみよう！」と思っていたのです。日本管楽合奏コンテストには電子楽器を使ってはいけないというルールがありませんでしたので、こうしたアイデアを今こそ生かそうと思ったわけです。

そして、顧問になってから約７か月後に10人で日本管楽合奏コンテストに出場し、天野正道作曲《沢地萃(たくちすい)》(詳しくは後述)を演奏してフォトライフ賞を受賞することができました。

●電子楽器を活用しましょう

電子楽器の導入というお話をすると、「高すぎる」「うちはお金がないから買えない」といった意見が出てきます。もちろん、電子楽器を新品で買えばそれなりの価格になりますが、中古など安く手に入れる方法はありますし、シンセサイザーの機能は皆さんが練習で使っている「ハーモニーディレクター」(ヤマハ)でも代用できます。たとえば、ピアノやグロッケンシュピール、チェレスタの音なども出せます。「ジャスティ」(ローランド)には楽器音が282音色も搭載されています。

私たちが2015年の日本管楽合奏コンテストで使用した「ハンドソニック」ですが、操作部分に円形のパッドがついた電子楽器で、850の音色を搭載しています。13

分割されたパッドを手や指で叩くことで、スネアドラム・バスドラム・ティンパニなど設定された様々な音を出すことができます。また、センサー部分に手をかざすことでもウィンドチャイムなどの音を出すことができます。

日本管楽合奏コンテストでも活躍したハンドソニック(ローランド)

もうひとつ、藤村女子で活用している電子楽器が「オクタパッド」(ローランド)です。長方形のパッドが8つ並んだ電子楽器で、スティックで叩いて音を出します。それぞれのパッドにスネアドラム・バスドラム・シンバル・ボンゴ・コンガ・ゴング・トライアングル・マリンバなどの音を設定することができます。

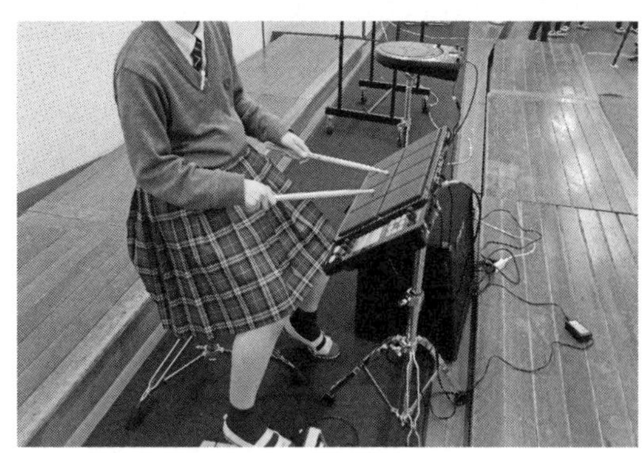
ドラムセットのようにも使えるオクタパッド(ローランド)

これらの電子楽器は、少人数バンドの打楽器をサポートするだけでなく、屋外のイベントなどでも活躍してくれます。ドラムセットや様々な打楽器類を持っていくのは大変ですし、セッティングの時間や設置スペースも必要になりますが、電子楽器は運搬が非常に楽で、演奏の幅も増します。実際、藤村女子では野外コンサートやイベント出演で打楽器は「オクタパッド」だけということもあります。「ハンドソニック」と「オクタパッド」は、一般的な管楽器よりも安価で購入できます。

●いまある素材で「いちばん美味しいもの」を作りましょう

小編成バンドでの演奏を考えたとき、「楽器が揃っていない」「優秀なプレイヤーがいない」「お金がない」とつい考えがちです。しかし、できないことを考えるよりも、いまあるもの、あるいはそれっぽいものを探し、できることを考えることこそが大切だと思います。

合唱部とのコラボレーション

既成概念にとらわれず、電子楽器を使ってもいいですし、ハーモニカやリコーダー、歌といった誰にでもなじみのあるものを取り入れても良いと思います。臆病になるより、大胆に考えましょう。そういう工夫がバンドの個性になり、聴き手へのアピールにもなります。

吹奏楽部の定期演奏会では合唱と演奏を行うこともありますが、人数が少なくて分担できない場合は合唱部とコラボレーションすることをおすすめしたいです。そうすることにより、吹奏楽部は演奏に集中できますし、合唱部の上手な歌を観客に聴かせることができます。また、お互いにとって刺激になり、交流のきっかけにもなるでしょう。

ダンスについても同様で、ダンス部に協力してもらうことで、吹奏楽部だけで完結する演奏会とは一味違うステージになります。

実際、藤村女子の定期演奏会では、合唱部やダンス部とコラボレーションしています。

いまある素材を使って、どうやったら「いちばん美味しいもの」が作れるのか。柔軟な発想とアイデアで、生徒たちと一緒に考えていきましょう。

ダンス部とのコラボレーション

Suisougaku Fujimura

お役立てください!

◀「Suisougaku Fujimura チャンネル」

「藤村アートギャラリー」▶

藤村女子の小編成の取り組みとして
ぜひご参考にしていただければ幸いです。

吹奏楽部"時短"運営の極意

文化庁から出された「文化部活動の在り方に関する総合的なガイドライン」に加えて新型コロナウイルスの感染拡大により、吹奏楽部は以前のような長時間の練習が難しくなってきました。この現状に対する都賀先生の対応策は？

いま、短時間での活動を求められている吹奏楽部は多いと思います。短時間でやらなければいけないということは、すなわち「効率の良い運営・練習」が必要ということです。

そのためにまず必要なことは、「指導者のスキルアップ」です。

何やらハードルが高そうですが、特別なスキルが必要ということではありません。先生方は普段から担当教科の指導計画書を作成したり、教材研究をされたりしていると思います。それと同じ準備を、部活動のためにもするということです。

また、運営・練習において何をやり、その結果としてどのような状態になれば成功なのか——そのイメージを指導者がしっかり持っておくことです。

何より重要なのは、「味付けより下ごしらえ」です。

たとえば、英語の授業をする際、いきなり長文を教えずに、単語や文法から始めると思います。吹奏楽も同じです。いきなり合奏をやって「ピッチが合っていない」などと指摘してしまう傾向があります。それでは「下ごしらえ」をしたとはいえません。逆に、しっかり「下ごしらえ」をすれば、小編成でも大編成でもかなり立派な「料理＝演奏」が出来上がります。

ということで、まずは「効率の良い運営」をどうするべきかをお伝えしましょう。

最大のポイントは「任せられるところは、生徒に任せる」ということです。部活運営のすべてを顧問がコントロールしようとして、生徒たちがダラダラとした雰囲気になってしまい、「生徒が悪いんです」というのは正しいとはいえません。

「任せられるところは、生徒に任せる」ことによって、顧問の負担が軽くなるだけでなく、生徒たちに責任をもたせることで「人を育てる」というメリットもあります。

まずは情報の共有をしましょう。「今月の予定」「今週の練習内容」「毎日の練習メニュー」を全員が把握しておくことで、誰かに指示されて動くのではなく、それぞれが自発的に動くことができます。

次に、スコアを全員が持つようにしましょう。自分のパートだけでなく、他のパートやバンド全体としてどこがまずいのか、どうなれば良いのかをみんながわかるようにするのです。

そして、問題意識の共有です。部活動の中で無駄なところはどこか、どうやったらもっと効率が上がるか、といったことを何度もミーティングをして全員で考え、改善に結びつけます。大切なのは「みんなが関わる」ことです。

以下は藤村女子の2020年度1月の活動予定表です。これは顧問と部員全員で「行事予定会議」を開き、月末に翌月の予定をたてるようにしています。原案は生徒のマネージャーがつくり、それをみんなで検討するわけです。そうやってみんなで予定表を作ることで、「予定をしっかり守ろう」という意識も芽生えます。

活動予定表の例

家庭保管用　2021年１月　藤村女子中学・高等学校吹奏楽部　活動予定

×欠席　○早退　△遅刻　□中抜け　　　　顧問　砂山瑞穂・都賀城太郎

日	曜日	学校行事	活動内容	活動時間	レッスン	動静表	活動場所
1	水	学校閉鎖	off				
2	木						
3	金						
4	土						
5	日	神大定期演奏会		13:00-18:00		粕谷・網谷×	東京芸術劇場
6	月			9:00-18:00		網谷×	音楽室
7	火		個人パート練 合奏	9:00-17:00	Fl A.M.		音楽室
8	水	始業式（演奏） 会議	個人パート練	7:50集合 各学年終了-18:00	Harp 14:00-		音楽室
9	木	高3追試	off				
10	金		個人パート練 合奏	16:00-19:00			音楽室
11	土	中学個別相談会	個人パート練 合奏	13:00-18:00		網谷・トクネル× 石原・堀籠△	音楽室
12	日		個人パート練 合奏	9:00-17:00			音楽室
13	月	成人の日	off				
14	火		個人パート練 合奏	16:00-19:00		網谷×	音楽室
15	水	学年会議 入試打合せ	個人パート練	16:00-19:00			音楽室
16	木			16:00-19:30			音楽室
17	金	高１総合学力テスト 漢検	個人パート練 合奏	16:00-19:00			音楽室
18	土	センター試験 センター同日模試	個人パート練 合奏	13:00-校内合宿		網谷・トクネル×	音楽室
19	日	コンクール新人戦	本番			網谷×	音楽室
20	月	センターリサーチ	個人パート練 合奏	16:00-19:00			音楽室
21	火	入試準備（６限）	off				
22	水	自宅学習日 高校推薦入試	off				
23	木		off				
24	金	英検（中/５・６限）	個人パート練 合奏	16:00-19:00			音楽室
25	土	講演会 中学新人戦役員	担当以外off	後日連絡		都賀先生× 網谷・トクネル×	音楽室
26	日		off				
27	月		個人パート練 合奏	16:00-19:00			音楽室
28	火		個人パート練 合奏	16:00-19:00		網谷×	音楽室
29	水	職員会議 入試打ち合わせ	個人パート練	16:00-19:00	Tb16:30-18:30		音楽室
30	木		個人パート練	16:00-19:00			音楽室
31	金	入試準備（６限）	off				

都賀先生の「吹奏楽部員の心をつかむワザ」

★どんなことでもいいところをみつけて褒めてあげること

生徒が30人いて、毎日指揮台に立って指導をしていると、顧問としては一人ひとりに目を配り、注意を向けていると思ってしまいがちです。けれど、生徒たちから見るとそうではなく、自分の存在感は1/30です。それに、多くの生徒は集団の中にいると恥ずかしさや照れを感じ、なかなか本音を言ってきません。

そこで、私は部活動の時間はもちろんですが、なるべく授業の前後や休み時間に声をかけるようにしています。そのときに大切なのは、生徒の良いところを見つけ、伝えてあげることです。

春日部共栄時代、まだ指導者として駆け出しだったころの話ですが、ある男子部員がマフラーをしていたので「そのマフラーいいね」と何の気なしに言ったところ、彼が「先生にマフラーを褒められた！」と親や友達に自慢していることを後で知りました。顧問の褒め言葉というのはこんなにも影響力があるのかと気づいた瞬間でした。

それ以来、どんな些細なことであっても、部活動や音楽に関係がないことであっても、生徒の良いところを見つけて褒めてあげるようにしています。若いころは自分自身も褒め言葉を口にするのが照れくさいですし、「こんな見え透いたことを言うのは嫌だな」と思っていたのですが、実行してみると生徒は心から喜び、表情が変わり、部活動への取り組みも積極的になります。

生徒を褒める以外に、短い時間でも1対1で個人練習を見てあげると良いでしょう。大編成では大変ですが、小編成だとその時間も取りやすいと思います。

Method

効率の良い練習と工夫(基礎練習～合奏指導)

短い時間で部活動を充実したものにするためには、運営面と音楽(練習)面での効率化が必要です。本項では効率的な練習という前提に基づき、基礎練習から合奏指導に至るまでの都賀先生のノウハウを教えていただきます。

●部活動スタートからの練習の進め方

ここからは具体的に私が藤村女子で行っている練習の流れをお伝えしていきましょう。といっても、何ら特別なものではなく、基本に忠実な指導法になっていますので、吹奏楽指導を始められたばかりの先生でもそのまま活用していただけると思います。

部活動が2時間だとした場合、前半1時間はまずミーティングから始まります。点呼や確認事項、連絡事項などを話しますが、なるべく時間の無駄がないようにしましょう。

ミーティングが終わると、楽器を準備して、15～20分ほど音出しやロングトーン、スケール音階練習、リズム練習(後述します)などごく基本的なところから始めます。その後、楽譜を見ながら曲の練習をします。

ここで重要なのは、技術的に未熟な生徒の扱いです。「それぞれやっておいで」と伝えても、やるべきことや自分の課題を把握できていない生徒はついサボったり遊んでしまったりしがちです。なので、顧問が生徒たちの練習場所を巡回しながら、特に技術が高くない生徒は集中的に見てあげます。

また、曲の練習については、たとえば「今日は1小節目から30小節目まで」と範囲を限定し、それ以上の練習はさせないようにすることもあります。

残りの時間はそれぞれが克服すべき課題を書き込んだ「できないところリスト(課題表)」(後述します)を

もとにして、パートやフレーズごとに集まって一緒に練習をします。これを藤村女子では「パーツ練習」と呼んでいます。

ここまでが前半１時間（練習の折り返し地点）となります。

●「基礎合奏」の大切さ！

後半１時間は、音楽室に集合してみんなで練習をします。「基礎合奏」です。おおよそ15〜20分ほどを使いますが、代替わりしたばかりのときなどは曲の合奏をせずに基礎合奏だけを行います。

基礎合奏は「バランス練習」「音階練習」「ハーモニー練習」「リズム練習」の４つがあり、次ページ以降に楽譜を掲載していますが、非常にシンプルで、初心者でも問題なく演奏できるものになっています。

この基礎合奏は藤村女子だけでなく、春日部共栄でもやっていました。小編成でも大編成でも使えますし、技術的な高さにも左右されません。

特に私が重視しているのは「バランス練習」です。A＝バス、B＝テノール、C＝アルト、D＝ソプラノという4声体が、まずグループごとに美しく音を溶け合わせ、全体としてはAの作る土台の上にピラミッド型にB・C・Dが乗っかっていくようなバランスを作ることが目的です。

もともとは名指導者として有名で、公苑会吹奏楽団や豊島区吹奏楽団を全日本吹奏楽コンクールに導き、各地のスクールバンドを全国レベルに引き上げた故・八田泰一先生が考案されたバランス練習を私も採用させていただいています。

楽譜を見ていただければわかりますが、A→B→C→Dの順に各グループがロングトーンを重ねていくという非常にシンプルなものです。しかし、実はとても奥が深く、重要な練習です。春日部共栄では、秋に３年生が引退して代替わりした後、新チームの再スタートは徹底してこのバランス練習をするところから始まります。これだけで１日の練習が終わってしまうことがあるくらい、こだわり抜きます。

「なんだ、簡単じゃないか」などと思うかもしれませんが、各グループがそれぞれ溶け合い、すべてのグループの音がバランスよく重なるようになるにはかなり苦労します。でも「急がば廻れ」で、いずれこのバランス練習に時間をかけたことが活きてきます。

なお、もし課題点や気になるところが見つかったら、顧問だけでなく、生徒同士でもどんどん指摘させると良いでしょう。

●基礎合奏① バランス練習 ※巻末の掲載資料リンクQRコードをご参照ください

●基礎合奏② 音階練習 ※巻末の掲載資料リンクQRコードをご参照ください

音階練習も、楽譜上は非常に簡単になっています。

下にに掲載したのは**B♭ major**の音階です。上の**B♭**までになっていますが、その後、下の**B♭**まで下降します。

毎日３つの調でスケール練習をします。どの調をやるかは25ページの写真にあるように、スケジュールを表にまとめて音楽室に貼り出してあります。前もって個人で練習しておき、基礎合奏で音を合わせます。

●基礎合奏③ ハーモニー練習 ※巻末の掲載資料リンクQRコードをご参照ください

ハーモニー練習は、純正律で美しいハーモニーを響かせるための練習です。

楽譜は、もっとも基本的なI・IV・Vの長三和音となっています。この楽譜のとおりに進めるパターンと、バランスの順にA→B→C→Dの流れで音を重ねていくという練習法もあります。

打楽器も、ティンパニやバスドラム、鍵盤打楽器で参加します。

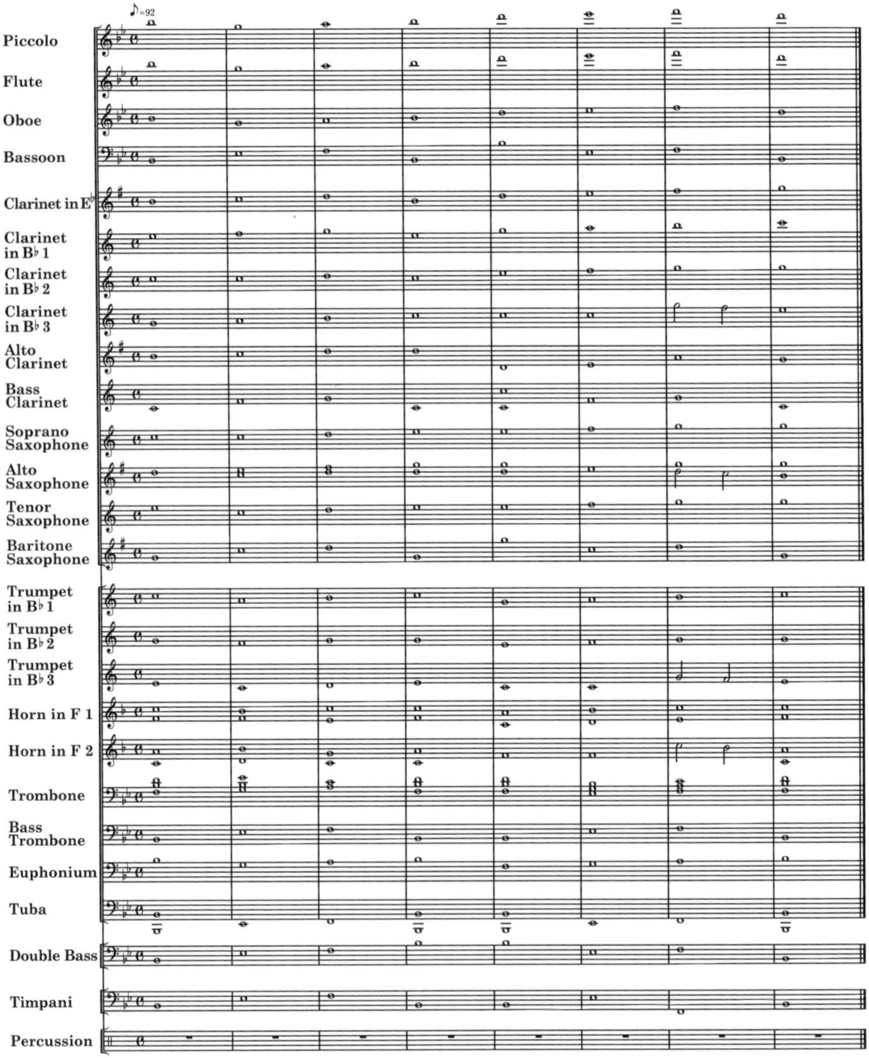

♪=92

Piccolo
Flute
Oboe
Bassoon
Clarinet in E♭
Clarinet in B♭ 1
Clarinet in B♭ 2
Clarinet in B♭ 3
Alto Clarinet
Bass Clarinet
Soprano Saxophone
Alto Saxophone
Tenor Saxophone
Baritone Saxophone
Trumpet in B♭ 1
Trumpet in B♭ 2
Trumpet in B♭ 3
Horn in F 1
Horn in F 2
Trombone
Bass Trombone
Euphonium
Tuba
Double Bass
Timpani
Percussion

●基礎合奏④ リズム練習

リズム練習は、次のページにある楽譜に従って進めます。楽譜では4分音符となっているところを、反復するたびに8分音符→3連符→16分音符と変えていきます。

そして、「リズムパターン」という練習も取り入れています。たとえば、3連符を演奏するときに2つ目の音符を抜いたり、3つ目の音符を抜いたりします。16分音符でも、2つ目・3つ目・4つ目・1つ目の音符を抜いたり、2つ目と3つ目を抜いたり……といったパターンがあります。

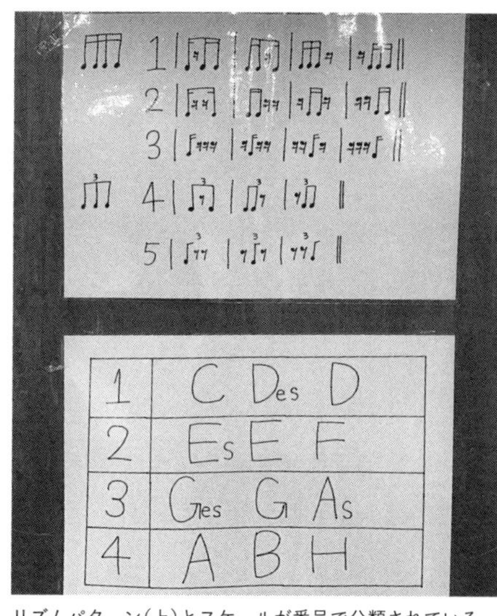

リズムパターン(上)とスケールが番号で分類されている

このページの写真にあるように、リズムパターンのグループには1～5の数字が振ってあり、リズムパターン表(スケジュール)で「今日はどのリズムパターンをやるか」がわかります。各部員は前もってそれを確認し、個人で練習してから基礎合奏に臨みます。

4月のスケール&パターン

日	月	火	水	木	金	土
				1 2 1	2 3 1	3 4 2
4	5	6	7 1 3	8 2 4	9 3 5	10 4 1
11	12 1 2	13 2 3	14 3 4	15 4 5	16 1 1	17 2 2
18 3 ジョイフルコンサート	19	20 4 3	21 1 4	22 2 5	23	24 3 1
25	26	27 4 2	28 1 3	29 2 4	30 3 5	

「スケール&リズムパターン表」には、その日にどのスケール、リズムパターンを練習するかが書かれている

これの応用として、たとえば「木管は16分音符をすべて吹き、金管は2つ目の音符を抜く」という形でやると、金管が音を抜いたところは木管の音だけがきれいに聞こえてくるはずです。そうなるように、木管と金管がそれぞれ音を揃える練習をします。

リズム練習　※巻末の掲載資料リンクQRコードをご参照ください

Moderato (♩= 92)

Piccolo
Flute
Oboe
Bassoon
Clarinet in E♭
Clarinet in B♭ 1
Clarinet in B♭ 2
Clarinet in B♭ 3
Alto Clarinet
Bass Clarinet
Soprano Saxophone
Alto Saxophone
Tenor Saxophone
Baritone Saxophone
Trumpet in B♭ 1
Trumpet in B♭ 2
Trumpet in B♭ 3
Horn in F 1
Horn in F 2
Trombone
Bass Trombone
Euphonium
Tuba
Double Bass
Timpani
Percussion

●2時間の練習メニュー

ここで改めて平日の練習時間を2時間とした場合の、練習と時間の使い方を見てみましょう。

【前半1時間】 ①ミーティング
②各自音出し、ロングトーン、リズム練習、スケール練習
③曲の練習(個人/範囲を限定する)
④「できないところリスト(課題表)」に基づいたパーツ練習

【後半1時間】 ⑤アンブシュアチェック ⑥バランス練習
⑦音階練習 ⑧ハーモニー練習
⑨リズム練習 ⑩曲の練習
⑪ミーティング

「アンブシュアチェック」はマウスピースだけで(フルートは頭部管、バスクラリネットとサックスはネックをつけて)ハーモニーディレクターの音と合わせます。このとき、「フルート・ピッコロ=**A**」「オーボエ=**C**」「クラリネット=**F♯**」「バスクラリネット=**D♭**」「アルトサックス=**A♭**」「テナーサックス=**E**」「バリトンサックス=**E♭**」「金管=**B♭**」となるようにします。

部員だけの練習風景

●曲の合奏（小編成の楽曲の考え方）

基礎合奏が終わったら、曲の合奏に移ります。個人練習のときにあらかじめ指定しておいた範囲の合奏をします。また、新しい曲に取り組み始めたばかりのときは、テンポを半分に落としてゆっくり練習していきます。ある程度練習が進んだら、全体をいくつかのチームに分けます。このときできるだけ各チームにA〜Dグループの楽器が入るようにします。もし30人のバンドなら、10人ずつ3チームに分け、お互いに合奏を見せ合います。そして、その後に批評をし合うと非常に効果的です。30人全員で演奏しているときにはごまかせていたところでも、10人に減るとあらわになってしまいますので、生徒たちはちゃんと曲をさらうようになります。また、他のチームを批評することで、楽曲や演奏への理解が深まり、課題が自覚できるようになります。

いまは小編成や極小編成の楽譜がたくさん出てきていますので、選曲もそれほど苦労することはないでしょう。

ここでは1つの例として、私が2015年の日本管楽合奏コンテストに出場するにあたって、大編成の春日部共栄でも取り組んだ天野正道作曲《沢地萃》を藤村女子バージョンにしていく過程をご紹介しましょう。春日部共栄で演奏したのは吹奏楽版の《沢地萃》です。私の大好きな曲なので、これを藤村女子でもやりたいと考えたのですが、前述したように当時は助っ人を入れても10人しかいませんでした。調べてみると、《沢地萃》はもともと管打八重奏のために書かれた曲で、他にもアンサンブルのバージョンがあることがわかりました。そこで、電子楽器やコンピューター・ミュージックにも造詣が深い天野正道先生に監修していただきながら、10人の藤村女子の編成に合った形へ私自身が編曲しました。

また、2016年にはあのアルフレッド・リードの名曲《アルメニアン・ダンス パートⅠ》を11人（当時の部員数）で演奏できるように編曲し、吹奏楽コンクールに参加しました。

小編成や極小編成ではこういったやり方もあるということを知っておいていただければと思います。

2017年の日本管楽合奏コンテストより。
このときは15人で《秘儀Ⅱ》を演奏しました。

●「できないところリスト（課題表）」の活用

合奏練習の指導で大切なのは、単にその場でうまく演奏できるようにするだけではなく、次の合奏までの課題をなるべくたくさん出してあげることです。そのためには、指導者は前もって楽曲を研究し、課題になるであろうポイントを考えておくことです。

そして、合奏中にあれこれと指摘をし、また、生徒たち自身が考えた課題と合わせて「できないところリスト（課題表）」を作ります。このリストには各パートがどこができていないかが書かれていますので、それぞれのパートが課題をクリアできるように練習したり、同じ課題を抱えているパートや奏者が集まって一緒に練習したり（これを「パーツ練習」と呼んでいます）します。

このリストを使って練習するときも、「今日は何小節目から何小節目まで」と範囲を決めて行います。同じところばかり繰り返して練習しないようにするためです。

できないところリスト記入例

	1楽章1-10	10-96	2楽章	3楽章1-54
Picc		・18～33の運符（インテンポ） ・38～45のトリプルタンギング ・76～78の運符		・18のアウフタクトの運符 ・19、21、23、25の装飾音符
Fl①		・18～33の運符（インテンポ） ・76～82の 〃（〃） ・70～76のメロディー ・79～82運符		
Fl②	・1の運符　・7～9のリズム ・2のリズム　・2 Fl 1stと一緒に ・5~6の〃　吹く	・18～33、76～82の運符 ・34～35、38～45のトリプルタンギング ・70～76、84～88のメロディー ・76～78の運符・89～94のトリル	・1～2の予　、音程 ・21～25の音程 ・31～33	・7～16のメロディー　・42、44の運符 ・17の運符　・46～49 ・18～29のメロディー　・50～53のトリル ・34～38のタンギング
Ob	・3～音量上げる，1つ1つの音の大きさを均一にする ・5～6 アクセント 音量を意識	・70～テンポ通りにタンギングができるように ・75 クレッシェンドしない	・21～25 音量を意識，お腹で支える	・2. テンポ通りにタンギングする ・18～25 タンギング，装飾音符 ・17. 運符を次のメロディにつなげる
E♭Cl	6・7 装飾音符。	32-33の6連符。 34-37 Flに合わせる。		[illegible] 休みからの音の音量・ハリ・タンギング。 18～ Flに合わせる。
B♭Cl①-1	7～10のテンポが変わる場所。	5連符の縦。 57の連符と縦をそろえる。 70～縦とアーティキュレーション。		18～縦あわせて、レガートに。
B♭Cl①-2	10～テンポの確認。	12～Hrと音程アーティキュレーション。 57の4連符を合わせる。 70～アーティキュレーション合わせる。		18～縦合わせる。（169～も同じ）
B♭Cl②	2～トリル。 7～10 テンポの感じ方のうつり変わり。	32-33・77・78 縦がそろわない。 57 さらい直し、くっきりで出来ない。 89～トリル確認。		
B♭Cl③	18の2拍目裏16分（タンギング）	32-33の8音の音の変わり目（77・88も） 70・73・76 2拍目裏のタンギング。 87・88の5～6拍目の移り変わり。		17～タンギング。6連符しっかり揃わす。 山型アクセントの位置。 16分音符を均等に、正確に。
B. Cl	10～入りがあいまい。	87～B.Cl B.sax. Hr. T.sax との縦。	B.saxと音色とピッチ合わせる。	34～縦。
CB. Cl	10～音のとり方。	12～リズムをずれないで吹く。 89～リズム。テンポキープ。 音がうらがえらないようにする。	26～の音程。 軽く吹く。	2～最後に圧をかける。 30～うら打ちのところB.Cl B.saxとのかねあい。
A. Sax	④ picとObとで吹き方をそろえる。⑤、⑥装飾があたらない。	㉜～㊲のばしの音程が合わない。㊹、㊺の音程が悪い。	㉕ Hrn、T.saxとで出だしがそろわない　失敗する率が高い。	①、② 山形アクセントが出来ていない。⑲の装飾がうまくできない。㉑アーティキュレーションが出来ていない。
T.Sax	②～④ トリルが拍にしっかりあてはまらない。	はやくなるとが[illegible] ㉔～㉕前に[illegible]	㉔～㉕ Hrnとピッチが[illegible]	①、② 16分音符をしっかり[illegible] ⑪～⑬、テンポに[illegible]

寺山朋子先生の「少人数でもできる打楽器演奏術」

ティンパニ奏者がスネアドラムやシンバルを兼ねる、バスドラムはドラムセットのものをフットペダルで叩く……。これまで藤村女子中学・高校吹奏楽部がステージで披露してきた打楽器の演奏には、少人数バンドならではの数々の工夫がありました。都賀先生とともに演奏のアイデアを具現化してきた打楽器奏者・指導者である寺山朋子先生に、実践可能な打楽器演奏術を教えていただきましょう。

寺山朋子

(てらやま・ともこ)東邦音楽大学卒業。東京ミュージック＆メディアアーツ尚美(現、尚美ミュージックカレッジ専門学校)ディプロマコース修了。大学在学中ウィーンへ短期留学。国内外でのソロ、アンサンブル、CDレコーディングの演奏の他、吹奏楽コンクールやアンサンブルコンテストの審査員を務めるなど活動は多岐にわたる。また、中学・高校・大学吹奏楽部やアマチュアバンドの打楽器指導にも力を入れる。現在、大阪音楽大学講師。他に、日本打楽器協会理事、「FORTパーカッションアンサンブル」メンバー、東邦音楽大学実技・演奏研究員。

楽譜に書かれた音が響くように……

小編成バンドだと、打楽器パートの人数は１～２人。多くても４人くらいではないでしょうか。そうなると、「人数が足りないから」と楽譜で指定された打楽器をカットしたり、途中で演奏をやめて別の楽器に移動したり、といったことが起こりがちです。けれど、作曲家はそこにその音が欲しいから、その楽器で楽譜を書いているのです。そこで、私は都賀先生とともに楽譜に書かれた音が響くようにどう工夫をしたらいいのか考え、実践してきました。

指導をする寺山先生

まず、誰がどの楽器を演奏するのか決めるキャスティングの段階にポイントがあります。少人数バンドは１人の奏者が多くの打楽器を掛け持つことが多いため、パート譜を見て担当楽器を先に決めてしまうと、掛け持つ楽器の距離が遠くて移動が間に合わないという事態になりかねません。

そこで、まずは楽器のセッティングを決めてしまい、１人の奏者が近くにある複数の楽器を担当するようにキャスティングします。そして、パート譜ではなくスコアを見ながら、どうやったらすべての音を響かせることができるかを１小節ずつ確認。実際に掛け持つ楽器の移動が間に合うか検証しながら、セッティングの微調整をしたり、小物楽器などは楽器スタンドに取り付け、手で持たずに演奏できるようにしたり、といった工夫をします。

以下にご紹介しているのは、実際に都賀先生と一緒に考え、藤村女子で実践した工夫です。プロの奏者からはお叱りを受けてしまいそうな奏法があるかもしれませんが、掛け持ちでも良い音が奏でられるように研究しながら演奏します。

なお、打楽器の基礎練習というとスティックを使ったストローク練習が中心になると思いますが、楽器を掛け持つ少人数バンドの場合、不得意楽器をなるべく作らないように、日頃から「スティックを使用した基礎練習」「マレットを使用した鍵盤楽器の基礎練習」「読譜力、テクニックを向上させる教則本」の３つを同量で行うことをおすすめします。

**バスドラムと
合わせシンバルの掛け持ち**

１人の奏者がバスドラムと合わせシンバルを同時に演奏できるよう、バスドラムにアタッチメントを取り付け、シンバルの一方をネジで留めています。

**サスペンドシンバルの
ロール用ワンハンドマレット**

通常、サスペンドシンバルのロールは両手が必要ですが、マレット２本を開いた状態でテープで固定してしまえば、片手で楽に演奏できるようになります。

ティンパニの周りには楽器がいっぱい!

４台のティンパニの中央にはスネアが、外側にはサスペンドシンバルやタンバリン、ウッドブロックなどが並び、これらを１人のティンパニストが担当します。

グロッケンシュピールとスネアの掛け持ち

グロッケンシュピールとスネアドラムを横において掛け持ちします。音色がそのシーンに合っていればグロッケンのマレットのままでスネアを叩きます。

スタンドも活用して6つの楽器を掛け持ち

クロテイル、グロッケンシュピール、トライアングル×３、サスペンドシンバルを掛け持ちする例。トライアングルをスタンドに吊っている点がポイントです。

ドラムセットのバスドラムがコンサートバスドラムに！？

ドラムセットのバスドラムをキックペダルで叩けると掛け持ちが楽になります。用途に応じていろいろな種類が出ているので、ビーター（ばちの部分）を使い分けることでクラシカルな音にも近づけられます。

ハープ、サスペンドシンバル、トライアングルの掛け持ち

パーカッションテーブルにスティックとトライアングルを置いておき、ハープと掛け持ちします。他の小物楽器も組み合わせできるでしょう。

グロッケンシュピール、ビブラフォン、サスペンドシンバルの掛け持ち

グロッケンとビブラフォンの間にパーカッションテーブルを配置し、楽器の移動に合わせてマレットの持ち替えができるようになっているのがポイントです。

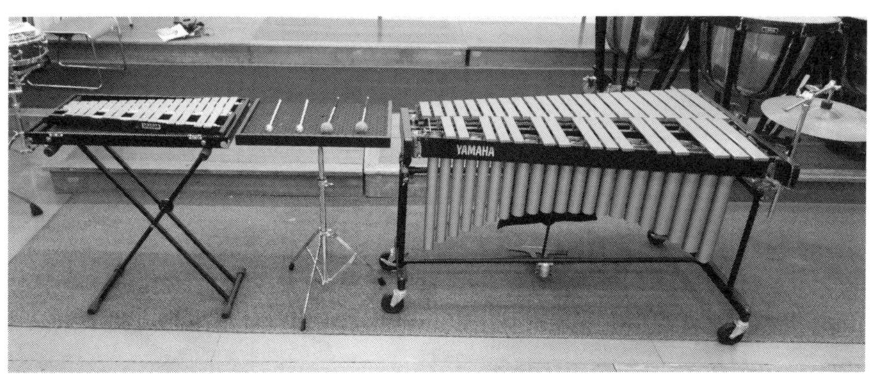

先生の思い出アルバム

藤村女子・都賀先生の「ビギナー時代」

「音楽が専門ではない」劣等感からのスタート

私は物理の教員で、東京理科大学の出身です。なので、吹奏楽部の顧問として指導をする際、音楽が専門ではないことが最大の負い目でした。「他の学校の顧問は音楽の専門家だけど、自分には同じようには指導ができない」という思いを常に抱えていました。そこで、本書のような指導書を買って勉強したり、有名な先生のご指導を見学させていただいたり、お話をお聞きしたりしてみました。すると、意外にも、音楽科以外の先生もいらっしゃることがわかり、「そんなに劣等感を持つことはないんだな」とやっと思えるようになりました（その後、私は大阪芸術大学で音楽を学びました）。

吹奏楽指導の喜びは、子どもたちと一緒に音楽をつくり上げる過程にあります。子どもたちと話し合いながらいろいろ工夫をして、「これはうまくいった」「ここは失敗した」「次はこうやってみよう」とアイデアを出し、試してみるのは楽しいものです。もちろん、つらいことや嫌なこともありますが、最後にコンクールなどで自分たちがやってきた成果を出し切れたときがもっとも嬉しい瞬間です。

本書をお読みの先生方の中には、どうしても他人の畑がよく見えてしまう方もいらっしゃるかもしれません。けれど、本書を参考にしながらご自分の畑の素材を最大限に活かす料理法＝指導法を試行錯誤し、指導の引き出しを増やしていただきたいです。そしてご自身のバンドならではの味を追求していただければと思います。

第2章

演奏の根っこを伸ばそう

「『ひろせま』による音感教育」

相対音感が身につくと強い！

玉寄勝治先生

（羽村市立羽村第一中学校吹奏楽部顧問／明星大学学友会吹奏楽団音楽監督）

玉寄勝治先生は中学校と大学、言ってみれば「子ども」と「大人」という年齢的にも経験的にも差がある２つのバンドを指導しています。しかし、先生が活用されている「ひろせま」という音感教育はどちらのバンドでも用いられ、効果を上げています。中学校から社会人バンドまで、ぜひ多くのバンドでも採用していただきたいメソッドです。

PROFILE

（たまよせ・かつはる）1971年生まれ。沖縄県出身。浦添高校を経て国立音楽大学卒（トロンボーン専攻）。2007年より明星大学学友会吹奏楽団の音楽監督に就任。2013年から東京都大会（本選）・大学の部に連続出場中。羽村市立羽村第一中学校吹奏楽部は2008年から顧問となり、2021年まで全日本吹奏楽コンクールに９回出場（金賞５回）。2021年は31人という少人数にもかかわらず、東京代表として全国大会を沸かせた。

Method

演奏はまず声から!
「美しい響きをつくる発声練習」

吹奏楽で楽器を使った練習をするのは当たり前のことですが、玉寄勝治先生のコーナーでは基礎合奏や曲練習の前段階として、楽器を使わない練習をご紹介いただきます。誰でもできる上、楽器での基礎練習以上に「音感の基礎」が学べるメソッドです。

●楽器を演奏するための「準備運動」として

皆さんのバンドでは、全員が音楽室に集まったとき、どんな練習から始めるでしょうか？　チューニングやロングトーンが一般的なのではないかと思いますが、羽村市立羽村第一中学校吹奏楽部や明星大学学友会吹奏楽団では「発声練習」からスタートします。言ってみれば、楽器を演奏するための「準備運動」のようなものです。普段の練習だけでなく、ホール練習の際にもやっています。

以下にご紹介する楽譜を見ながら、ぜひ皆さんのバンドでもロングトーンや基礎合奏の前にやってみてください。上の段が歌、下がピアノ（ハーモニーディレクター）の伴奏の楽譜になっています。起立した状態で行います。

明星大学学友会吹奏楽団での指導の様子

①喉を温める練習

「ま～」と声に出して歌ってみましょう。

なお、１段目はド(**C major**)から始まってレ(**D major**)で終わっていますが、半音ずつ必要なだけ上昇して練習していただいてかまいません。私は練習時間やその日の状況に応じて変えていますが、シ♭(**B♭ major**)まで使うことが多いです。下降に関しても同じように必要なだけお使いください(以下の楽譜についても同様です)。

②発声練習〜あえいおう〜

口を大きく動かし、「あえいおう」とはっきり発音しながら歌います。

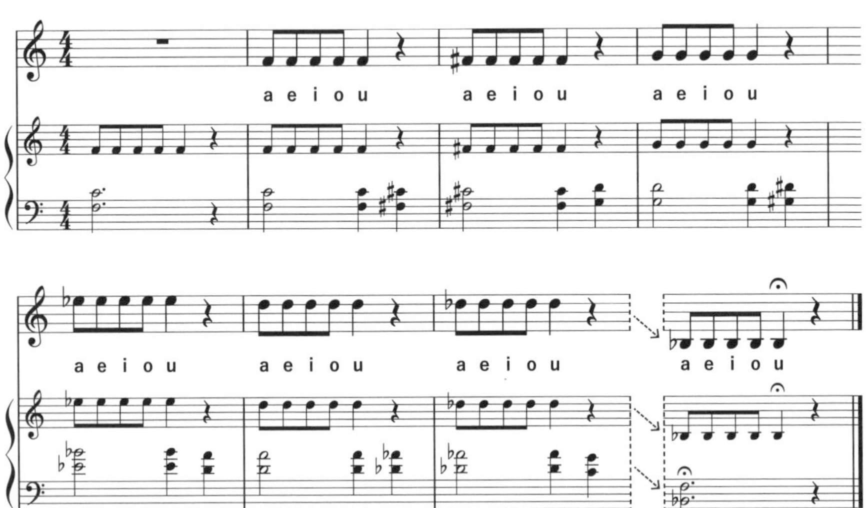

明星大学学友会吹奏楽団の定期演奏会の前にも発声練習を行っています

③音程練習～いまやまに～

6thコードの分散和音を「い～まや～まに～」と歌います。①～②に比べて音が飛んでいるところに注意して歌いましょう。

④鼻濁音練習（鼻抜け予防）

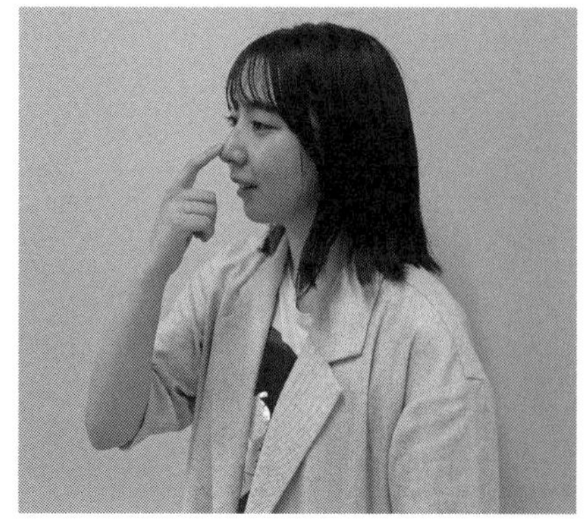

口は開いたまま「ん～が～」（「が」は鼻濁音で）を歌うことで、楽器を演奏するときに息が鼻から抜けてしまういわゆる「鼻抜け」を予防します。このとき、写真のように右手の人差指を鼻にあてがいながら行います。

⑤副鼻腔練習（裏声／息のみ）

「そわそわそわそ」と裏声で歌うパターン、息のみで歌う（声を出さない）パターンを行います。このとき、写真のように水平にした手のひらを鼻先にかざします。この手のひらは「１階と２階の間の床」というような存在で、１階（口）で通常の声で歌いながら２階に裏声が乗っている、というイメージをしながら歌ってみてください。

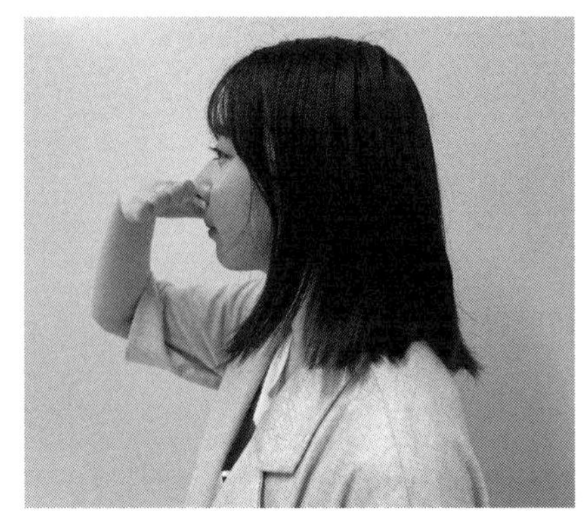

この練習をしているとき、管楽器を演奏するときの喉の状態が再現されているため、楽器の演奏にプラスになります。

⑥顎関節の練習（顎関節症予防）

管楽器、特にクラリネット奏者などが悩まされる顎関節症の予防のための練習です。両脚を肩幅くらいに開き、両手の人差し指を右ページの写真にあるような位置にあてがいます（顎を開くとへこむ部分）。顎関節症とはその部分＝顎関節の捻挫ですので、日ごろから予防することが大切です。指をあてがうとき、腕全体が縮こまらないように、肘を大きく開くようにしましょう。

口を大きく開けて、「そあぁ」と歌います。

⑦喉を開く練習

喉を開きつつ、息の初速を上げる練習です。楽器ではっきりした音を出すときに効果が出ます。歌うときにやや上に向かって勢いよく声を投げ上げるようなイメージで歌いましょう。

⑧発音を意識したシラブル

「てたたと」と歌います。「シラブル」とは、楽器を演奏する際の口の中の形や舌の位置を意味する言葉です。シラブルが変わるということは、息の通り道が変わるということです。楽器を練習する前に、歌でシラブルを変える練習をしましょう。

⑨腹筋を意識したスタッカート

両手をお腹に当てて、腹筋が使われていることを意識しながら「ははははは」とスタッカートで歌います。

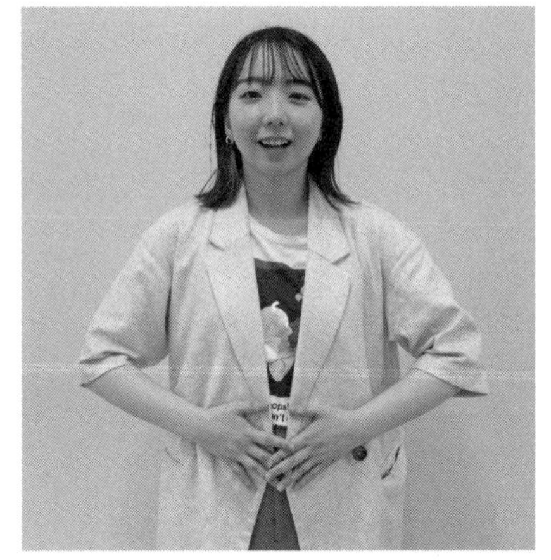

玉寄先生の「吹奏楽部員の心をつかむワザ」

★人としてお互いをわかり合うこと

特別に意識しているわけではありませんが、なるべくすべての部員（大学は団員）と話をするようにしています。きっと皆さんも、日常生活の中でしばらく会話がなかった人と久しぶりにコミュニケーションをとる場合、少しぎこちなくなることがあると思います。部活動も同じで、円滑にやっていくためには全員とまめにコミュニケーションをとっていくことが大切です。中学校では廊下などですれ違ったとき、大学では学食で見かけたときなどにも声をかけるようにしています。

指導者と部員はお互い人間であり、性格もいろいろです。指導者の指示や指導に対して、無視や反発ではなく、「わかりました」「先生が言っているからやってみようか」というリアクションを得るためには、指導者も一人の人間として部員たちに理解してもらうこと。そして、指導者側も一人ひとりの部員を理解しようと務めることです。

中には、呼びかけても返事をしない、目を合わせようとしない部員もいますが、そのままスルーはしません。名前を呼んで、こちらを向かせて、確認しながら話すようにします。

すべてに関して、指導者と部員が人としてお互いをわかり合うこと、存在を認め、尊重し合うことがポイントです。

明星大学学友会吹奏楽団の団員たちとともに（2020年）。

Method

ハンドサインを用いた「ひろせま」音感教育

玉寄先生の指導法として注目され、実際に大きな効果を上げているのが「ひろせま」と呼ばれるハンドサインを使った練習法です。吹奏楽初心者の小中学生から、すでに難曲も演奏できる上級者まで、演奏の基礎となる音感を養うことができるメソッドです。

●リトミックのシンプルかつ効果的な活用法

私が活用している「ひろせま」は「リトミック」の一種です。

リトミックとは、音楽を通じて体を動かすことで音感やリズム感、表現力などを養う音楽教育法のことです。スイス人のエミール・ジャック＝ダルクローズが提唱したもので、日本では板野平先生によって紹介されました（当初、板野先生によるリトミックの拠点になったのは、私の母校でもある国立音楽大学でした）。

もともと私はリトミックには詳しくなかったのですが、明星大学で勤務するようになってから、大学で板野先生のご子息とご一緒するようになりました。それをきっかけにして板野先生のリトミック教育法の著書を紐解いてみたところ、幼児教育の中でハンドサインを用いた音感教育を提唱されていました。

私は「これは器楽でも使える」と直感しましたが、そのときは大学生に対しては必要性をさほど感じませんでした。

実際に「ひろせま」を使うようになったのは、羽村市立羽村第一中学校吹奏楽部の顧問になってからです。私が顧問になる前から羽村一中は全日本吹奏楽コンクールに４回出場するくらい実力のあるバンドでしたが、歌を歌わせてみたところ、非常に元気よく歌うものの、音程感がないことに驚きました。

「これはなんとかしなければ……」と思いながら指導をしていたのですが、私の指揮で2010〜11年と全国大会に出場したものの、2012年には全国大会出場を逃し、音感の改善に着手することを決意しました。ひたすらに楽器を使った練習を重ねるのではなく、根本的な音楽面の教育が必要だと痛感したのです。

羽村一中で実際に「ひろせま」をやってみたところ、その効果は絶大で、子どもたちの演奏は激変しました。その理由は簡単で、後述するように音程を「ひろい＝全音」「せまい＝半音」の２種類のハンドサインで理解するものなので、とにかくわかりやすいのです。

●「ひろせま」の利点とは？

「ひろせま」が理解しやすいのは、ハンドサインという体を使ったものだということに加えて、音程が目で見てわかるというところも大きいです。音程という漠然としたもの、耳で聴くだけでは漠然としてしまうものを「見える化」するところが「ひろせま」のポイントです。

たとえるなら、音程をデジタルの０と１の２進数のような形に置き換えて理解するものでもあります。

シンプルな形で「見える化」された音程が、ハンドサインという体を使うことによって脳に定着されるのです。

この「ひろせま」には他にも様々な利点があります。2021年度、羽村一中は部員数が減少して31人となりました。もっとも多かったころは75人いました。ですが、「ひろせま」は人数が多い少ないに関係なく、１つの号令で行うことができます。ただ、31人という少人数であっても、最大50人のＡ部門で全国大会に出場できたのは、「ひろせま」などの指導によって音感をしっかり身につけ、会場いっぱいに倍音を響かせることができたからではないかと思います。

その後、明星大学でも「ひろせま」を行うようになりました。大学には全国大会常連の名門校の出身者もいれば、まったくの初心者もいます。経験者はそれぞれの高校のバンドの練習法や文化を引きずって入ってくるわけですが、「ひろせま」をやることによって、バックグラウンドに左右されない音楽的なベースができます。練習もスムーズになりましたし、音程感が曖昧だった学生がトレーニングし直すこともできました。「ひろせま」をやるようになってから東京都大会(本選)にも出場できるようになりました。

私はレッスンの依頼を受けて各地のバンドを訪問することがあります。そこで、「音程が良くなりたい人は？」と訪ねると、ほぼ全員が挙手します。一方、「音程に自信がある人は？」と訪ねると、誰も挙手しません。つまり、誰もが「音程感を身につけたい」と思い、その必要性も感じながら、まったく自信を持てないまま演奏しているということになります。そして、私がレッスンをすると、比較的短い時間で「ひろせま」を理解し、音感がアップしていきます。

本書では、「ひろせま」の基本的なやり方をお伝えします。ぜひ皆さんのバンドでも活用してみてください。

●「ひろせま」の基本

ひろい 全音のこと。親指とそれ以外の指の間隔を広くするハンドサインで表現します。また、ハンドサインをしながら「ひろい」と歌います（続けて歌うときは「ひろ」のみ）。

上に向かって「ひろい」（たとえば、ド↗レ↘ド）ときは、親指が下側でそれ以外の指が上。下に向かって「ひろい」（たとえば、レ↘ド↗レ）ときは、親指が上側でそれ以外の指が下になります。

上に向かって「ひろい」

下に向かって「ひろい」

せまい 半音のこと。親指とそれ以外の指の指先を狭くする（くっつける）ハンドサインで表現します。また、ハンドサインをしながら「せまい」と歌います（続けて歌うときは「せま」のみ）。

「ひろい」と同様に、上に向かうとき（たとえばド↗レ♭↘ド）は親指が下側、下に向かうとき（たとえばレ♭↘ド↗レ♭）は親指が上側になります。

上に向かって「せまい」

下に向かって「せまい」

●「ひろせま」を実践してみましょう!

①「ひろせま」

まずシ♭(吹奏楽ではこのB♭の音が基本となります)で音をとってから、指導者がピアノ(ハーモニーディレクター)と歌で「せまい」「ひろい」を出し、それに合わせて部員たちがハンドサインを出しながら「せまい」「ひろい」と歌います。もっとも基本的な練習です。楽譜はシ♭から始まるものだけになっていますが、違う音でもやってみてください。

慣れてきたら、指導者は歌わずに音だけ出して(「これはせまい? ひろい?」というように)、部員たちにハンドサインと歌で答えさせるという練習法もやってみるとよいでしょう。

②「ひろせま」の応用～スケール～

シ♭からスタートして、「ひろい」「せまい」で音程を表現しながら変ロ長調のスケールを上昇していきます。このとき、指導者はピアノで音を出すだけで、歌や「ひろい」「せまい」は示しません。部員たちの答えが曖昧になったときは、ハンドサインや歌で示してあげます。

楽譜にはありませんが、変ロ長調の下降、変ロ短調の上昇・下降など、他の調でもやってみてください。

③「スーパーひろせま」

通常の「ひろせま」を２つ連続させるものが「スーパーひろせま」です。たとえば、次のページの楽譜にあるように基音としてシ♭を歌でとった後、「上にせませま」と指示して、部員たちにハンドサインとともに「せませまー（シ♭↗シ→シ↗ド）」と歌わせます。

通常のハンドサインは左手で出しますが、「スーパーひろせま」は２段階になりますので、上昇の場合は左手の上に右手のサインを乗せます。

「ひろせま」に比べて「スーパーひろせま」は難度が高くなりますので、最初のうちは指導者も一緒にハンドサインをしながら歌ってあげてください。

※「スーパーひろせま」サインは①左手→②右手の順にみていきます

上に「せませま」のハンドサイン。

上に「ひろせま」のハンドサイン。

下に「ひろせま」のハンドサイン。

下に「ひろひろ」のハンドサイン

La
「上にせませま」
せ ま せ ま
「上にせまひろ」
せ ま ひ ろ
「上にひろせま」
ひ ろ せ ま
「上にひろひろ」
ひ ろ ひ ろ
「下にせませま」
せ ま せ ま
「下にせまひろ」
せ ま ひ ろ
「下にひろせま」
ひ ろ せ ま
「下にひろひろ」
ひ ろ ひ ろ

④「スーパーひろせま」の応用～ドレミファソ～

シ♭から始まる変ロ長調における「ドレミファソ（実音ではシ♭・ド・レ・ミ♭・ファ）」を「スーパーひろせま」を使って２回に分けて表現します。

慣れてきたら変ロ短調もやってみてください。

「上にひろひろ」　ひ　ろ　ひ　ろ

「上にせまひろ」　せ　ま　ひ　ろ

「下にひろせま」　ひ　ろ　せ　ま

「下にひろひろ」　ひ　ろ　ひ　ろ

先生の思い出アルバム

羽村一中、明星大学・玉寄先生の「ビギナー時代」

授業・生活指導・部活を背負って自分が成長

私はいろいろと回り道をして、正式に吹奏楽部の顧問になったのは39歳のときでした。それまで講師などはやっていましたが、顧問になると大変です。授業があり、生活指導があり、その後に部活動があります。部活では約70人の部員と向き合わなければなりません。「これを全部ひとりでやらなきゃいけないのか？　誰か助けてくれる人はいないか？」と思いながらも必死にすべてをこなしました。大変でしたが、結果的には自分が成長できたと思いますし、おかげで現在は複数のプロジェクトを並行して進められる力も身につきました。

最近は部活動を敬遠する若い先生が少なくないようですが、自分を成長させる「ポジティブな負荷」だと思ってやってみても良いのではないでしょうか。

私の場合、身近に助けてくれる人はいませんでしたが、指導を学ぶために東西南北どこへでも行きました。もっとも印象に残っているのは、同じ沖縄出身で「吹奏楽の神様」と呼ばれた屋比久勲先生。「怒らない指導」で有名ですが、それだけでなく「生徒の前で（テストの採点など）仕事をしてはいけないよ」と教えられました。屋比久先生の教えをすべて守ることはなかなかできませんでしたが、私の心の中には常に屋比久先生がいます。

本書を読まれた指導者の皆さん、特に若い先生方にはぜひあちこち出かけて、各地の優れた先生方から直接教えを受けることをおすすめします。私も本書に書ききれなかったことも含めて何でもお教えします。

第3章

自分が変わると楽器も上手になる!

「少人数でも豊かに響くバンドを目指そう」

体に染み込んだサウンドを求めて

坂下武巳先生

（元鹿児島市立桜丘中学校吹奏楽部顧問／吹奏楽指導者）

2018年の全日本吹奏楽コンクール・中学校の部。50人まで出場できる大会に37人という少人数で臨みながら、広々とした名古屋国際会議場センチュリーホールを震わせるほどのサウンドを奏でた鹿児島市立桜丘中学校吹奏楽部。翌年、再び37人で全国大会出場を決めた桜丘中学校を訪れて拝見した練習風景は鮮烈な印象を残すものでした。おとなしい中学生たちが「変わる」指導法を坂下先生にレクチャーしていただきましょう。

PROFILE

（さかした・たけみ）1960年生まれ。鹿児島県出身。鹿児島高校を経て武蔵野音楽大学音楽学部器楽学科卒（ホルン専攻）。東京での演奏活動の後、1989年より音楽科教員として鹿児島市立武中学校に着任。以降、顧問となった5つの中学校をすべて九州吹奏楽コンクールに導き、姶良町立重富中学校と鹿児島市立桜丘中学校で全日本吹奏楽コンクールに5回、全日本アンサンブルコンテストに2回出場を果たす。2020年度で定年退職し、現在は吹奏楽指導者として活躍。

Method

「表現が変わる」「自分が変わる」基礎トレーニング

鹿児島市立桜丘中学校吹奏楽部の練習でまず目を引かれたのがこのトレーニングでした。多感な中学生たちが目や口を大きく見開き、体をいっぱいに使って声を出すところから桜丘中の素晴らしい響きが生まれてくるのです。

●楽器を使わないトレーニング

この項でご紹介する「基礎トレーニング」では、楽器は使用しません。椅子や譜面台も不要です。

2016年度から桜丘中学校で採用するようになった練習法で、著名な吹奏楽指導者である金田康孝先生に教えていただいたメソッドが元になっています。金田先生が鹿児島で講習会を開いた際、桜丘中学校がモデルバンドとして参加したことがきっかけとなりました。

特に、「目トレ」や「ぺたトレ」は私が玉名女子高校吹奏楽部の練習見学で気になっていた「目を見開いて吹く」「口角を上げる」ということが練習に取り入れられ、成果を出せたことで「点と点がつながった」と感じられるものでした。これらをやることで、部員たちの表現力が向上し、表情も良くなります。なお、ポイントはすべてのトレーニングをできるだけ「笑顔」で行うことです。

これらのトレーニングは、まだ楽器が上手に演奏できない中学1年生でもできるものです。また、消極的でおとなしい生徒が多いバンドにも効果的ですので、ぜひ実践してみてください。

桜丘中の練習内容をまとめた冊子

●基礎トレーニング① ストレッチ

体をほぐすためのストレッチ（柔軟体操）です。これは体育の授業などで行われているものでも、どんなものでもかまいません。「♩＝60」でメトロノームを鳴らしながら、全員で「ワン！　ツー！　スリー！　フォー！」と元気に声を出しながら１つにつき16拍でストレッチをします。桜丘中では、両手の指を組み合わせて前に突き出し、（１）その手を４拍で真上へ挙げて４拍で戻し（同時にかかとを上げる）、（２）そのまま４拍でしゃがんで（完全にしゃがんだら、組み合わせた手を一度クルッとひっくり返す）４拍で立ち上がる、がワンセットで４セット繰り返していました。

●基礎トレーニング② 目トレ

「目のトレーニング」です。「♩＝60」でメトロノームに合わせて全員で元気よく声を出しながら行います。１拍目に「ワン！」と言いながら目を大きく開き、２拍目は目を元に戻し、３拍目に「ツー！」と言いながら目を見開き、４拍目は元に戻し……を繰り返し、「トゥウェンティ！」まで続けます。

ポイントは、目を見開くときに眉毛も上へ上げることです。

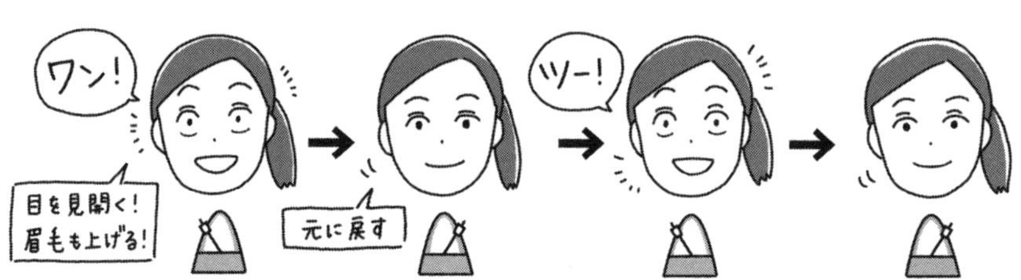

●基礎トレーニング③ ぺたトレ

「ほっぺたのトレーニング」です。「♩＝60」でメトロノームに合わせて全員で声を出しながら行います。左右の人差し指をそっと頬骨の上あたりに添えた状態で、１拍目に「ワン！」と言いながら笑顔になり、２拍目に戻し、３拍目に「ツー！」と言いながら笑顔になり、４拍目に戻し……を「テン！」まで続けます。

指を頬骨のあたりに添えるのは、頬の筋肉がしっかり上がっているかどうかを確認するためです。指の力で頬を上げてはいけません。また、笑顔になるときにほっぺただけでなく、「目トレ」の要領で目を開き、眉も上がるように心がけましょう。

●基礎トレーニング④ びるトレ

「唇のトレーニング」です。「♩＝60」でメトロノームに合わせて全員で声を出しながら行います。１拍目に「目トレ」のときのように目を開き、眉を上げながら「う！」と言い、２拍目に「い」の口の形（＝笑顔）で「ワン！」と言いながら笑顔に、３拍目に「う！」、４拍目に「い」の口の形で「ツー！」……という具合に「トゥウェンティ！」まで続けます。

「目トレ」「ぺたトレ」「びるトレ」は表情筋を鍛えることによって、歌や演奏の上達、表現力の向上にもつながります。

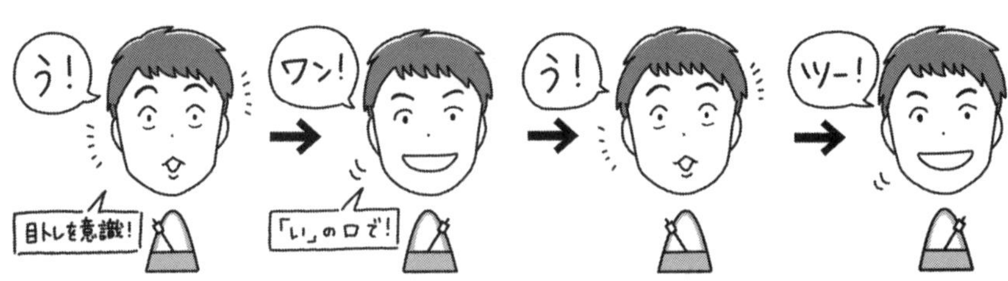

●基礎トレーニング⑤ ブレストレーニング（呼吸法）

腕を組んでお腹の上にあてがったり、両手を脇腹に当てたりした状態で前かがみになります。そして、テンポに合わせて大きく、素早く息を吸い、吐き出します。ゆっくりの場合は「♩＝80」くらいで、1拍の間に「吸う（表拍）→吐く（裏拍）」を行います。「ホー！　スー！」と呼吸音が聞こえるくらい大きくブレスします。

このとき、しっかりお腹が膨らんでいるか、腹式呼吸ができているか、当てた手で確認します（下級生は、上級生が手を当てて確認してあげるといいでしょう）。お腹だけでなく、背中や腰も膨らんでいるとより良いブレスです。

テンポは「♩＝80〜160（1分間）」「♩＝180〜220（30秒）」のように速いテンポでも行います。そして、最後の1回は体の中の空気をすべて吐き出します。

なお、この練習は打楽器奏者も行います。演奏する際、打楽器奏者も管楽器奏者と出だしを揃えるために素早いブレスをする必要があるためです。

●基礎トレーニング⑥ あいうえお

リーダーが前に立ち、リーダーの発声に対して全員が復唱する形をとります。ここまでのトレーニングでやってきたすべてを取り入れ、笑顔で、目や口を大きく開け、お腹を使って、大きな声で行います。テンポはおおよそ「♩＝180」程度です（メトロノームは使わなくてかまいません）。

①1拍目にリーダーが「あ！」＋2拍目に全員が「あ！」（これを1セットで4回繰り返す）→「い！」〜「お！」までそれぞれ行う。

②1拍目にリーダーが「あいうえお！」＋2拍目に全員が「あいうえお！」（これを1セットで2回繰り返す）→「いうえおあ！」× 4回、「うえおあい！」× 4回、「えおあいう」× 2回、「おあいうえ」× 4回行う。

③１～２拍目にリーダーが「あいうえお・いうえおあ！」＋３～４拍目に全員が「あいうえお・いうえおあ！」（これを１セットで２回繰り返す）→「いうえおあ・うえおあい」×２回、「うえおあい・えおあいう」×２回、「えおあいう・おあいうえ」×２回行う。

④１～５拍目にリーダーが「あいうえお・いうえおあ・うえおあい・えおあいう・おあいうえ！」＋６～10拍目に全員が復唱（これを１セットで２回繰り返す）

この「あいうえお」は、桜丘中の前任校のとき、職場体験学習の事前指導でエステティシャンが教えてくれたものです。恥ずかしがってなかなかできない中学生たちに、エステティシャンの方たちが厳しく「もっと声を出して！」と指導してくれたのですが、これをやることで表情が明るくなり、はきはきと発言できるようになりました。

そこで私は「あいうえお」を吹奏楽部に応用したのですが、大きい声が出せるようになっていくと、自然と楽器の音も大きく、音色は豊かになっていきます。単純に大きな声を出すことで、ストレスが溜まっているような子でも気分がすっきりするという効用もあります。

この「あいうえお」と次の「返事の練習」は「自分を変えるためのトレーニング」と位置づけており、継続して実践することで部員たちは様々な面でポジティブに変わっていきます。鹿児島の子どもたちは総じておとなしく、自ら声を出すのも苦手ですが、「自分を変えるトレーニング」をやることで積極的になりました。

●基礎トレーニング⑦ 返事の練習

前の「あいうえお」と同じようにリーダーが前に立ち、復唱します。テンポはやはり「♩＝180」程度です。

①１拍目にリーダー「はい！」＋２拍目に全員「はい！」(これを１セットで10回繰り返す)
②１拍目にリーダー「おはようございます！」＋２拍目に全員「おはようございます！」(これを１セットで３回繰り返す」→同様に「こんにちは」「こんばんは」「お願いします」「ありがとうございました」「お疲れさまでした」「さようなら」「ごめんなさい」を３回ずつ行う。

これは私の友人がやっていた練習を取り入れたものです。ポイントは声のトーンを上げ、大きな声で、滑舌良くやることです。

●基礎トレーニング⑧ 歌によるコラール練習

歌を歌うことによる練習です。コラールとして、桜丘中では岡野貞一作曲《ふるさと》、ヘンリー・ビショップ作曲《スコティッシュ・コラール(埴生の宿)》、レイ・E・クレイマー編の教本曲集『LIP BENDERS』の10番などを主に歌っていますが、本書では《ふるさと》を使ってご説明していきます。

まず、歌う際の伴奏ですが、可能であれば事前に自分たちの合奏で《ふるさと》を録音しておきます(楽譜は様々なものが出版されていますが、シンプルなもので充分でしょう)。そして、それをスピーカーから流しながら歌を歌います。

このとき、「目トレ」や「ぺたトレ」などでやってきたことを活かし、表情豊かに、息をたくさん吸って、大きな声で歌うことは言うまでもありません。それだけでなく、身振り手振りをつけるのが大きなポイントです。

基本的には片手でも両手でもかまわないので、自分の胸の前から大きく放物線を描くように上へ持っていき、再び胸の前に戻すような動きです。「基本的」と言ったのは、実際には決まった動きはなく、音楽の流れや息のスピードなどを意識しながら、一人ひとりにオリジナルの動きをしてほしいからです。

吹奏楽は何十人も集まって１つの音楽をつくるものですが、だからといって全員が機械のようにまったく同じことをやるというものではありません。部員たちはそれぞれ違った人間であり、違った表現を持っています。それを形にできるようにするのがこの「歌によるコラール練習」なのです。

この練習をすることで、表現力が向上するだけでなく、自主性も芽生えます。入部当初は言われたとおりのことをやり、どこへ行くにも後ろをついてくるだけだった子どもたちが、こういった練習を続けていくと自分の頭で考え、行動できるようになっていくのです。

さて、具体的な歌い方ですが、《ふるさと》の１番はスピーカーから流れる演奏に合わせて全員でメロディをユニゾンで歌ってください。２番はそれぞれのパートを、ハーモニーをつくりながら歌います。部員には、どんどん自分なりの表現をするようにうながすと良いでしょう。

坂下先生の「吹奏楽部員の心をつかむワザ」

★一生懸命はカッコいい!

私の根本にあるのは「生徒と一緒にいるのが好き。生徒と一緒にいる時間がいちばん楽しい」ということです。吹奏楽の指導をしていて、生徒たちの音が変わった瞬間、難しいフレーズが演奏できるようになった瞬間などの喜びの表情！　それを見たいがために指導をしていると言ってもいいかもしれません。

私は顧問＝指導者として部員たちの前に立つわけですが、誰よりも自分自身をさらけ出しています。「先生と生徒」というよりも、「人と人」に近いかもしれません。そして、「先生はこんな性格だよ」「こんなふうに演奏がしたいんだよ」「こんな部活にしていこうよ」と部員たちに投げかけています。

部活は「楽しくやる」がモットーですが、もちろん、厳しくすべきところもあります。特に生活面ですが、靴や鞄をきちんと並べる、徹底して掃除をする、といったあたりです。生活面で「整理する、揃える」ということが音楽面での「整理する、揃える」につながっていくからなのですが、もうひとつ私が伝えたいのは「一生懸命はカッコいい！」ということなのです。一生懸命整理し、一生懸命掃除をし、一生懸命練習することはカッコいいことだと部員にわかってもらいたいですし、それがわかると生活面も音楽面も本当に成長します。

昨今は一生懸命やることをカッコ悪いというような風潮もあるようですが、全国の吹奏楽部員はもちろん、指導者の皆さんにも「一生懸命はカッコいいんだ。その姿は輝いているんだ」ということを改めてお伝えしたいです。

Method

坂下流ロングトーン

楽器を使わない基礎トレーニングのほかに、坂下武巳先生が大切にしているのがロングトーンです。本書ではそのエッセンスをご紹介しますので、ご自身のバンドに合ったやり方にアレンジして取り組んでみてください。

●木管楽器のロングトーンについて

ロングトーンの方法はたくさんあるのですが、今回はその中から代表的なものをご紹介しましょう。

木管楽器は、主にマルセル・モイーズが著したフルート用の教則本『ソノリテ』の１番・２番・３番を使います。このとき、立奏でパートごとに輪になって楽譜に合わせてロングトーンをします。

１番は、実音で「**B**を２拍→**B♭**を５拍→１拍休み→**B♭**を２拍→**A**を５拍→１拍休み……」というように半音ずつ下がりながらロングトーンをしていく楽譜になっているのですが、桜丘中では同じところを２回繰り返し、１回目はノンビブラートできれいにまっすぐ伸ばし、２回目はビブラートをかけて１回目との違いをつけるようにしていました。『ソノリテ』の２番も同様に行います。

●金管楽器のロングトーンについて

「ウォーミングアップ　3a-b」と呼んでいるロングトーンをします。人数にもよりますが、リーダーを中心に弧になって行いましょう。

テンポは「♩＝**72**」でチューニング**B♭**を基準にして、「**B♭**を４拍→**A**を４拍→**B♭**を４拍→**A♭**を４拍→**B♭**を４拍→**G**を４拍……」というように**F**まで下がっていきます。**F**まで行ったら、今度は**F**を基準にして「**F**を４拍→**E**を4拍→**F**を４拍……」というように下の**B♭**まで下がっていき、最後にもう一度下の**B♭**を４拍伸ばして終わります。

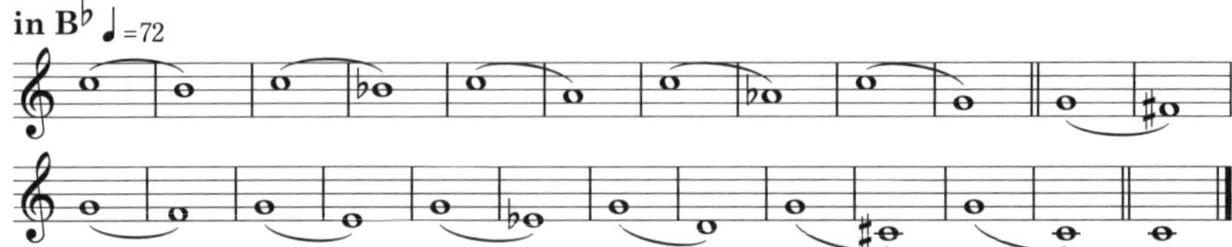

もう一つ、「ウォーミングアップ 5 a-b」と呼んでいるものは下記の楽譜のような要領でチューニング**B♭**から下の**B♭**まで半音ずつ下がっていきます。音を遠くまで飛ばすイメージで吹きましょう。

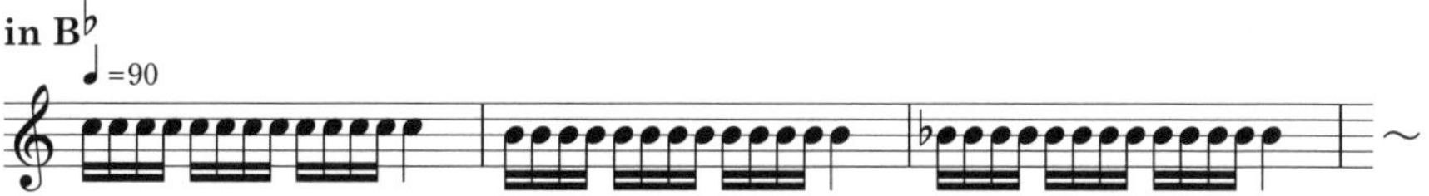

リップスラーも何種類かありますが、そのうちの1つをご紹介します。ごく基本的な半音ずつ下がっていく練習です。「♩ ＝**80**」くらいで行います。

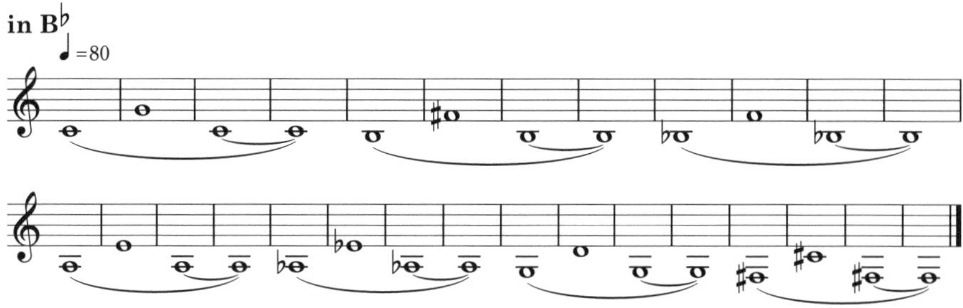

●全体ロングトーン

セクションごとのロングトーンの後は、全体でロングトーンを行います。これも数種類がありますが、桜丘中で「吹き抜き」と呼んでいたものを2種類ご紹介しましょう(楽譜はいずれも実音です)。「吹き抜き」というからには、息をしっかり入れてロングトーンをします。また、「基礎トレーニング」でやった表情やブレスなどをすべて取り入れながら行うことが大切です。

「吹き抜きA」は次ページの楽譜のように下の**B♭**からチューニング**B♭**まで、**B♭ major**の音階を上がっていきます。テンポは「♩ ＝**100**」程度で、メトロノームに合わせて行いましょう。なお、私の場合はこの間、部員たちの間を動き回って、しっかり吹けているか確認したり、指揮するときのような腕の動きで息や音のイメージを伝えたりします。

【吹き抜きA】

「吹き抜きA」では同一の音を続けていたのに対し、「吹き抜きB」では**B♭ major**の音階を上がります。下記の楽譜のように**B♭**から始めて**E♭**まで行ったら、今度は**C**から始めて**F**まで上がります。次は**D**から始めて……というように上がっていって、上の**C**まで行きます。

【吹き抜きB】

響きを豊かにする基礎合奏

坂下先生が桜丘中で行っていた基礎合奏には「6グループチューニング」や「ユニゾン練習」「デイリー・エクササイズ・マーチ（後藤洋作曲）」「コラール練習」などがありますが、本書では「6グループチューニング」と「コラール練習」についてレクチャーしていただきましょう。

●6グループチューニング

玉名女子高校吹奏楽部が採用している練習法を参考にしたチューニングです。まず、全体を下記のように6つのグループに分けます。

グループ①B.Cl、B.Sax、B.Tb、Tuba、St.B
グループ②T.Sax、Tb、Euph
グループ③A.Sax、Hr
グループ④Cl
グループ⑤Tp
グループ⑥Fl、Ob

最初に、ハーモニーディレクターでチューニング**B♭**を出し、それに合わせて全員で「マ〜」と歌わせます。**「基礎トレーニング⑧ 歌によるコラール練習」**のときのように手の動きをつけながら、自分のいちばん良い声で歌い、その声を楽器に移すようなイメージを作ってから、楽器でチューニング**B♭**を吹きます。

その後、テンポは「♩＝**72**」で、グループ①が**B♭**を4拍伸ばしたら、続いてグループ②が入って4拍伸ばし、さらにグループ③が……というように順番に加わっていきます（先に吹き始めたグループは適宜ブレスしながら音を伸ばし続けます）。グループ⑥まで行ったら、全体で下記の楽譜のように吹いて終わります。

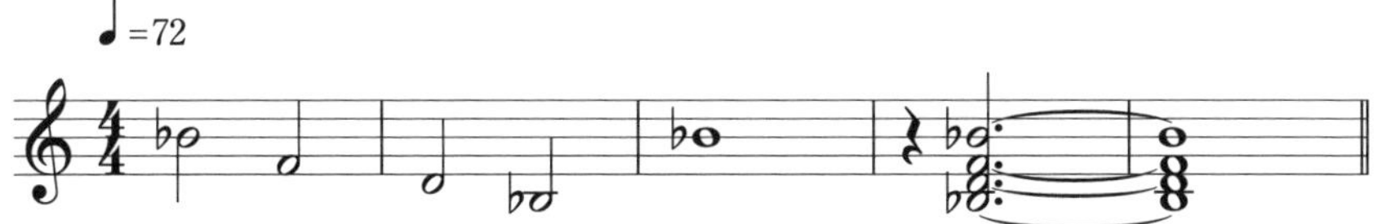

チューニングなのでピッチを合わせるのはもちろんですが、ピッチが合うことによって生まれてくる「倍音」を探すことが大切です。

なお、6グループチューニングの際はメトロノームを使わず、スネアドラムが8分音符、バスドラムが4分音符でリズムを刻みます。ほかの打楽器奏者は鍵盤打楽器をトレモロで叩きます。

●コラール練習

「基礎トレーニング」では歌でコラール練習をしましたが、基礎合奏の中では楽器でコラール練習を行います(曲は**「基礎トレーニング⑧ 歌によるコラール練習」**で登場した4曲のうちのいずれか)。

ここでは、ピッチやハーモニー、響き、フレーズの処理、しっかり指揮を見ること、全体のバランス……といったことを確かめながら演奏することが大切です。そして、もう1つのポイントは「表現力の向上」です。歌のときに手を大きく動かして表現したように、今度は座って演奏しながら体を動かします。

やり方としては、まず楽器を構えた状態で音は出さず、お尻を支点にして上体をゆっくり円運動させます。最初、おそらく部員たちは恥ずかしがって小さくしか動けないでしょう。とにかく、その状態のままでコラールを演奏します。

少し動けるようになってきたら、今度はわざと大げさに、やりすぎというくらい大きく円運動するよう指示します(頭が上を向いてしまうくらい)。実際にはアンブシュアが崩れてしまうなど、演奏上は良くないのですが、これを数回やっておくと、やがて音楽に合わせた自然な動きができるようになります。そして、音楽的な表現も豊かになるのです。

Method

2段階の合奏練習法

ここまで基礎の練習法を見てきましたが、いよいよ合奏練習です。とはいえ、特に初心者も少なくない中学校の吹奏楽部では、単純に曲を合わせていってもなかなか部員たちの成長につながりにくいところがあります。そこで、坂下先生が提唱する、時期によって段階を踏んだ合奏練習の方法を見てみましょう。

●4〜5月にオススメの「コラール的練習法」

1年生が入部してきたばかりで、上級生もまだ成長の途中にある4月や5月は、いきなり曲を通して練習していこうとしても、細かい部分がいい加減で「ただどうにか吹いているだけ」という状態になりやすいです。

最初に手を付ける曲としては、その年のコンクールの課題曲のマーチや有名なジョン・フィリップ・スーザのマーチ（たとえば《士官候補生》《ワシントンポスト》）などが取り組みやすいと思いますが、これらの曲もいきなり合奏すると「響き」の感じられないものになりがちです。

一般的には、テンポを大幅に落とし、ゆっくりと演奏していく方法が使われます。私の場合はさらに「楽曲をコラール風にして練習する」という方法を用います。

やり方はごくシンプルです。テンポを落とすのはもちろんですが（もとが「♩＝144」であれば「♩＝72」くらいにします）、細かい音符は取り払い、主だった音を4分音符や2分音符に変更します。次ページの楽譜はスーザの《星条旗よ永遠なれ》の第1マーチのメロディです。変更の例としてご覧ください。

このようにして演奏すると、単に初心者でも取り組みやすくなるだけでなく、マーチがあたかもコラールのように聞こえてきます。こうして、まずは全員で曲のハーモニーと響きを感じ、身につけます。すると、元の楽譜に戻ったときも、軽快なマーチの中で響きを感じることができるようになります。スタッカートがついた音符や速い動きの音符でも、部員たちは響きを求めるようになるため、細切れにならずに音も揃います。また「基礎トレーニング」や「基礎合奏」でやってきたコラールの練習を活かすこともできます。

こうしていくことで、最終的には桜丘中のように人数が少ないバンドでも大きなホールに音が響き渡る演奏ができるようになるのです。

●夏に向けて楽曲を仕上げる「アクティブな部分練習」

ある程度バンド全体の技術が上がってくる6〜7月頃からコンクールの時期には、「部分練習」と呼ばれる練習を行っていきます。簡単に言えば、「同じ動きをしているパートが集まり、音を合わせていく練習」のことです。特に、コンクールの課題曲などに有効な練習法です。部員たちが楽譜を暗譜した状態で行います。

まず、下準備が必要です。楽譜を見て、「序奏」「練習記号A」「練習記号B」など切りのいい部分に分割します。そして、それぞれの部分で、各楽器を「①旋律」「②対旋律・伴奏・打楽器などそれ以外」の2グループに分けます。もともと私は「①旋律」「②対旋律」「③伴奏・打楽器」に分けていましたので、部分によっては3つや4つのグループに分けてもかまいません(グループを2つ減らしたのは、部活の時間が短くなってしまったためです)。

なお、私はこういった楽譜やグループの分割などは、部員たちに任せていました。

その後、椅子や譜面台などをすべて片付け、広い空間を用意します。そして、まず「序奏」の部分で①と②のグループでそれぞれ集まります(打楽器は隅に配置し、動きません)。また、①の中でも「主となるメロディを奏でる楽器」「ハーモニーとなる部分を奏でる楽器」などでそれぞれ輪を作ります。②のほうも「対旋律」「伴奏」など同じところを奏でる楽器で輪を作ります。すべて立奏です。

こうして準備ができたところで、メトロノームを鳴らし、最初に①が演奏→続けて②が演奏→再び①が演奏……というようにループしながら何度も繰り返して練習します。

ポイントは、同じ部分を奏でる楽器がしっかり揃うこと。ピッチだけでなく、アタックやリリースも揃えるため、繰り返し吹くのです。また、たとえば「対旋律と伴奏がうまく合っていないな」と感じたら、2つの輪を1つにしたり、あるいは距離を近づけて演奏させたりします。

「序奏」部分が揃ってきたら、今度は「練習記号A」(あくまで例です)へ移ります。慣れてくるまではいったん止めてから移動させてもかまいません。ですが、「部分練習」に習熟してきたら、たとえば②が演奏している間に①が移動して次の輪を作る、といったようにアクティブに動くようにしましょう。また、「練習記号A」の中でも1つの楽器が「メロディ→対旋律」というように変わるときは、室内を移動して別の輪を作ります。

最初は難しそうに感じるかもしれませんが、実際には部員たちだけでもできる練習です。

このようにして常に「響き」を大切にしながら全体をまとめ上げていき、音楽をつくっていくのが私の指導法です。そして、どんなときも笑顔は忘れずに。楽しみながら練習、そして本番を行っていきたいものです。

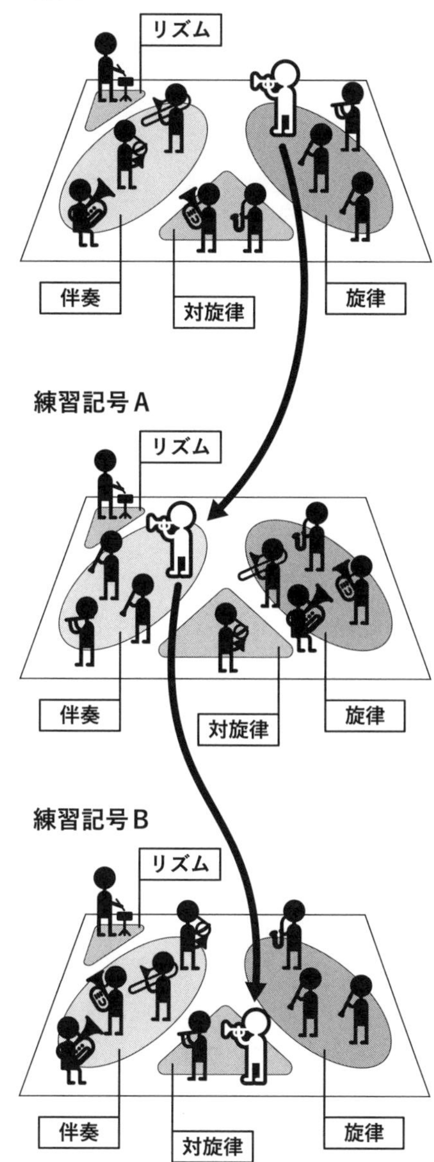

坂下先生の
吹奏楽との出会いから
全国大会金賞までの道のり

2018年、37人の鹿児島市立桜丘中学校吹奏楽部を率いて全日本吹奏楽コンクールに出場し、鹿児島県内の中学校としては2校目、鹿児島市内では初となる金賞を受賞した坂下先生。その道のりには、吹奏楽指導を学ぶ上でのいくつものヒントがあります。

教師になって初めて知った吹奏楽の面白さ

私は小学校で器楽合奏クラブに入り、中学校で吹奏楽部に入りました。担当楽器はホルン。しかし、吹奏楽部よりもMBC南日本放送が主催するMBCジュニアオーケストラ（現・MBCユースオーケストラ）のほうに熱心に参加していました。高校でも吹奏楽部でしたが、中学校も高校も当時は吹奏楽コンクールに出場していなかったため、コンクール文化やそこから生まれる名演などは知らないままでした。また、オーケストラをやっていたため、ホルン奏者として吹奏楽がいまひとつ好きになれなかったということもありました。

高校卒業後は武蔵野音楽大学で学び、東京で演奏活動を10年ほど続けましたが、やはり吹奏楽にはまったく興味がなく、当時全日本吹奏楽コンクールが開催されていた「吹奏楽の聖地」、普門館（東京都杉並区）にも行ったことがありませんでした。いまから思うと、吹奏楽を勉強するチャンスがまわりにたくさんあったにもかかわらず、吹奏楽に目を向けなかったのは非常にもったいないことでした。

1989年に鹿児島に帰って音楽教員になり、吹奏楽指導に携わるようになりました。そこで全国大会の音源を聴いてみたのですが、学生たちの演奏がプロ並みで驚きました。

「吹奏楽でも、こんな表現ができるのか！」

私はそれまで吹奏楽に目を向けようとしなかったことが恥ずかしくなりました。

その後、自分なりに吹奏楽部で指導をしていったのですが、年間を通じてのサウンドづくり、曲の表現方法などがわからずに苦労しました。そこで、鹿児島県吹奏楽連盟が開催している吹奏楽指導者セミナーに参加したり、福岡県吹奏楽コンクール・高校の部や九州吹奏楽コンクールを聴きに行ったりしました。

また、当時の鹿児島県内の強豪中学校・高校、全日本吹奏楽コンクールの常連だった福岡工業大学附属城東高校、淀川工科高校、習志野高校などに見学に行きました。わからないことはアドバイスをいただき、名門のサウンドを生で聴き、体に染み込ませるよう心がけました。そして、どうやったらそれを自分のバンドで具現化できるのかと試行錯誤しました。

特に、淀川工科高校と習志野高校は印象的でした。どちらの部員たちも純粋に楽器が好きで、音楽を楽しんでいることが伝わってきました。習志野高校では全員が明るく熱心に練習していること、ホールの練習後に徹底して掃除をしていることが印象に残りました。淀川工科高校では、顧問の丸谷明夫先生がボソボソ話し始めるだけで150人近くいる部員が一斉に耳を傾けていたのですが、

部員に尋ねてみたところ、「丸谷先生の話が本当に聞きたいので、自然と静かになるんです」と語っていたのが記憶に残っています。そして、両校とも本当に素晴らしい演奏をするバンドでした。

これら多くのバンドの演奏を聴き、練習を目にしたことから、私は「体に染み込んだサウンドを求めて」という言葉をモットーとして指導していくようになりました。

初めて経験した全日本吹奏楽コンクール

顧問を務めた１校目の武中学校、２校目の野間中学校では九州大会に出場することができました。そして、３校目が重富中学校でした。

重富中では、当時目標としていた福岡県のスクールバンドのサウンドにどうにか近づこうと、とにかくフォルテッシモで楽器に息を入れ、楽器を響かせる練習をしました。また、それまでこだわっていなかった「音程」にも徹底して注目するようにしました。

「練習では音量は出ているのに、コンクール会場のステージで演奏すると客

席まで充分に音が届いていないように感じるのはなぜだろう？」

そんな疑問を持っていましたが、それは「音程や響きの合わない音は飛んでいかないのだ」ということにも気づきました。

そして2004年、ついに念願の全日本吹奏楽コンクールに出場することができました。この年は、特に「サウンド重視でホール全体を響かせたい」という目標を持ち、ハーモニートレーニングを徹底して練習メニューに取り入れて、「音を寄せ合う」という経験を重ねました。九州大会当日の演奏では、自由曲の後半で私は思わず涙を流してしまいました。

当時の全日本吹奏楽コンクールの会場はあの普門館。5000人を収容できる巨大なホールで演奏すると、「えっ、こんなに音が響かないの!?」と驚きました。12分間という演奏時間はあっという間に過ぎてしまいました。結果は銀賞でした。

そして、翌日、部員全員を連れて、今度は高等学校前半の部を聴きに行きました。その年は鹿児島から鹿児島県立松陽高校と神村学園高校が出場していました。特に松陽高校は、普門館という大きなホールを音量の大きさではなく、客席の空間をサウンドで響かせていました。それはまさに私が目標としている演奏で、私は体が震え、涙が止まりませんでした。

この全国大会の高等学校前半の部で聴いた演奏は、私にとって今後目指していくべき「体に染み込んだサウンド」となりました。

少ない人数のバンドでの発見

私が重富中を離れ、鹿児島市立伊敷台中学校に赴任した2007年、鹿児島の吹奏楽界に大ニュースがもたらされました。「吹奏楽の神様」と呼ばれ、沖縄の中学校や福岡工業大学附属城東高校を次々に全日本吹奏楽コンクールに導いてきた屋比久勲先生が鹿児島情報高校に着任されたのです。

私は「このチャンスを逃すものか！」と部活が休みの日には鹿児島情報高校まで練習見学に行きました。屋比久先生のご指導で印象的だったのは、徹底したロングトーンによるサウンドづくり。同じパートの音を１本の響きにすることに心を砕いていらっしゃいました。

私もさっそく屋比久先生を真似て部員たちにロングトーンをさせたのですが、1カ月後に再び練習を見学に行くと練習メニューのパターンが変わっていました。屋比久先生は生徒の状況を見て、そのとき必要な内容に進化させていたのです。

どういう場面でどういう練習が必要なのか。その見極めができるかどうかが大きなポイントなのだと気づきました。

そして、2013年、私は鹿児島市立桜丘中学校に異動しました。伊敷台中では部活動のモットーを「奏愛」(愛をもって奏でる)としていたのですが、新たな言葉にしようと3年生に考えてもらい、「夢響」というモットーができました。「私たちの思いを夢にのせて、ホールいっぱいに新しい桜中(さっちゅう)サウンドを響かせたい」という意味が込められた造語です。この言葉は様々なところに書いたり印刷したりしましたが、はちまきにも刺繍をして練習のときに締めるようにしました。このはちまきは、私が目標としていたバンドのひとつ、福岡県の精華女子高校が巻いているのを見て取り入れました。

桜丘中学校は前任校とは違い、部員数が最高で45人、平均すると37人くらいという人数が少ないバンドでした。そのため、2年目はクラリネットパートに3年生が1人もいないという苦しい状況も経験しましたが、逆にプラスになることもありました。少ない人数だと、1年生も含めて全員がコンクールメンバーになります。以前は、コンクールの練習のときにメンバー以外の1年生は別の部屋で練習をすることになっていましたが、桜丘中学校で先輩たちと一緒に練習をする1年生は、先輩たちの良い音を間近で聴いているためにその音が目標になり、自然と努力をするようになって、レベルが格段に上がっていたのです。

ゴールドで「夢響」と刺繍されたはちまきを持つ
桜丘中の吹奏楽部員(2019年)

ついに全国大会金賞を受賞！

桜丘中での１、２年目は九州大会に出場しました。３年目は初心に帰り、自分がいちばん気になっているサウンドを学ぼうと、ずっと気になっていた熊本県の玉名女子高校に練習見学に行きました。ここで一番感じたことは顧問である米田真一先生の「本気度」です。どれだけ本気で音楽や部員たちに向き合っているかを間近で知ることができ、私自身の至らなさに猛省しました。また、私があこがれていた精華女子高校から長崎の活水高校へ移られて活躍されていた藤重佳久先生も本当に「本気度」の高い方で、練習中はいつも動き回っています。体だけでなく、頭も心も動いているのです。

私は桜丘中に戻ると部員たちとミーティングを行い、部員たちの「全国大会に行きたい」という思いを確かめてから、そのためには「本気」で取り組むことが必要であると伝えました。そして、玉名女子高校の基礎練習メニューを真似ながら練習を積み重ねていきました。

その結果、重富中で全国大会に出場して以来、11年ぶりに九州代表になることができました。ですが、全国大会での結果は銅賞。また、この年は全日本アンサンブルコンテストにもサックス四重奏で出場しましたが、こちらも銅賞。部員たちには残念な思いをさせてしまい、申し訳ない気持ちになりました。

翌年は九州大会止まりでした。私はそれまで強豪校の先生方から学んだことだけでなく、自分なりに「これが合っている」という練習法を発掘し、取り入れていくようになりました。それが、前述した「目トレ」「ぺたトレ」といった楽器を使わない練習法や体を大きく動かす表現のトレーニングなどです。

このころ、ようやく私の指導や目指すサウンドが形になってきました。2017年に全日本吹奏楽コンクールに返り咲き、2018年には自由曲《交響曲第１番「アークエンジェルズ」》で初の金賞を受賞することができました。

指導者人生もいろいろです。初めて挑んだコンクールで全国大会に出場する人もいれば、私のように定年退職の２年前に、４回目の全国大会出場で金

賞を初受賞する人もいます。いずれにしても、「神様はちゃんと見てくださっているのだな」というのが実感です。そして、2019年はプレッシャーをどうにかはねのけて、３年連続の全国大会出場を果たし、銀賞を受賞しました。

2020年は私にとって教員最後の年でしたが、ご存知のように新型コロナウイルスの影響を受け、吹奏楽コンクールは中止となりました。私は部員たちに目標を持たせるため、10月に定期演奏会を行い、翌３月にも演奏会を企画しました（３月の演奏会は「響け！ タケミサウンド　ファイナルコンサート～みんなとともに～」という形で実現しました）。

現在はフリーの吹奏楽指導者として活動している私ですが、現在でもコロナ禍に盛んになったオンライン講座などを受講し、勉強を続けています。これからも、いつまでも何かを求めながら、吹奏楽とともに毎日をいきいきと指導者生活を送っていきたいと思います。

桜丘中での指導風景（2019年）

第4章

名電サウンドをつくる60のポイント

「吹奏楽は音と心のブレンド」

全日本吹奏楽コンクール・高校の部最多出場「名電」のヒミツ

伊藤宏樹先生

（愛知工業大学名電高等学校吹奏楽部顧問）

吹奏楽では、しばしば「同じフレーズを吹いている楽器が、まるで１本の楽器に聞こえるように」といった指導をされることがあります。何本もの管楽器の音が溶け合ってひとつになることを「ブレンド」と言いますが、この「ブレンド」を追求し、バンドの個性（そして、武器）にしているのが愛知県の名門、愛知工業大学名電高校吹奏楽部です。2021年までに全日本吹奏楽コンクール・高等学校の部に43回出場という最多記録を持つ同校を2005年から率いているのは、３代目顧問の伊藤宏樹先生です。本書では、名電サウンドのヒミツを詳細に明かしていただきます！

PROFILE

（いとう・ひろき）1962年生まれ。三重県出身。エリザベト音楽大学器楽科トランペット専攻卒。山城宏樹氏に師事。桑名市立陽和中、成徳中、正和中で指導にあたる。各種コンクール全国大会で数々の賞を受賞、地域向上活動等も認められ2001年に三重県文化賞を受賞。2005年より愛知工業大学名電高校に音楽科教諭、吹奏楽部代表顧問として着任。2019年全日本吹奏楽コンクール15回出場にて長年出場指揮者賞を受賞。愛知県高等学校吹奏楽連盟理事長、東海吹奏楽連盟理事。コンクール審査や各種指導者講習会等で講師を務めている。

Method

名電サウンドをつくる 個人のためのチェックリスト60

圧倒的なブレンド力で感動を呼ぶ「名電サウンド」はいかにしてつくられているのか？　コロナ禍をきっかけとして伊藤先生がまとめ上げたチェックリストを使えば、皆さんのバンドのブレンド力もきっと向上するはず！

●先輩から後輩へ伝承されてきたレシピを公開！

初代顧問の松井郁雄先生のころから現在まで、名電では先輩から後輩へと「名電サウンドをつくる練習法」が脈々と受け継がれてきました。いわば「暗黙のルール」のようなものです。みんながこの練習法を身に付けて演奏してきたため、一緒に音を出すとブレンドしやすくなりますし、「今年の部員たちは金管が弱い」「今年は木管が弱い」といった年によるばらつきが少ないのも名電の特徴でした。

ところが、コロナ禍になって私の中に「いままで受け継がれてきた練習法がきちんと伝わっていないのではないか？」という思いが湧いてきました。そこで、ずっと暗黙のうちにやっていた練習法、すなわち「名電サウンドのつくり方のレシピ」を書き出し、リストにしてみました。その結果、60の練習法があることがわかりました。

今度は、私はそれをチェックリストにし、部員に１人ずつ音楽準備室に来てもらって、できているのか確認することをはじめました。すると、やはりコロナの影響もあるのか、意外にできていないところがあることがわかってきました。

私は部員たちができたところにはマーカーで色を塗り、達成したかどうかを視覚化しました。リストは部員自身も持っており、自分でも到達度が把握できます。そうして一つ一つ名電の音づくりの基礎を確認しています。

ぜひ皆さんのバンドでも、名電のチェックリストを参考にして練習していただけたら嬉しいです。

リストは１から60まであり、どこからやってもいいのですが、難度が低い順になっているので基本は１から進めていきます。細かい練習がたくさんあるため、嫌がる部員もいるかもしれません。子どもたちはやたらと曲を演奏したがるものです。

私はよく部員たちにこんな話をします。

「目の前の山に登ろうとしたとき、準備もなしにいきなり登り始めたら道に迷って遭難するよね。でも、きちんと体力づくりや装備などの準備をしてから登ると、スタートするまでに時間はかかるかもしれないけど、登り始めたら短時間で頂上へ到達できるよ」

大切なのは、部員たちが「基礎練習をしっかりやる→音楽が良くなる→楽しくなる」という点に気づくことです。

僕自身がモットーとしているのは、部員たちが「自分で自分の腕を磨けるプレイヤーになること」です。このチェックリストがあれば、僕のチェックを受けるかどうかはともかく、自分自身で何を練習しなければいけないか、自分には何が足りないかがわかります。今後、万が一またコロナで休校というような事態になったときでも、チェックリストに則って個人練習ができます。どんな状況でも部員自身で腕を磨いてほしいですし、それが成長につながります。

それでは、チェックリストの中身をご紹介していきましょう。

2021年度の吹奏楽部員と伊藤先生

Method

個人のための60のチェックリスト

チェックリストの60項目ひとつひとつの内容を詳しく説明していきます。写真のようなリストを作って、実践してみてください。

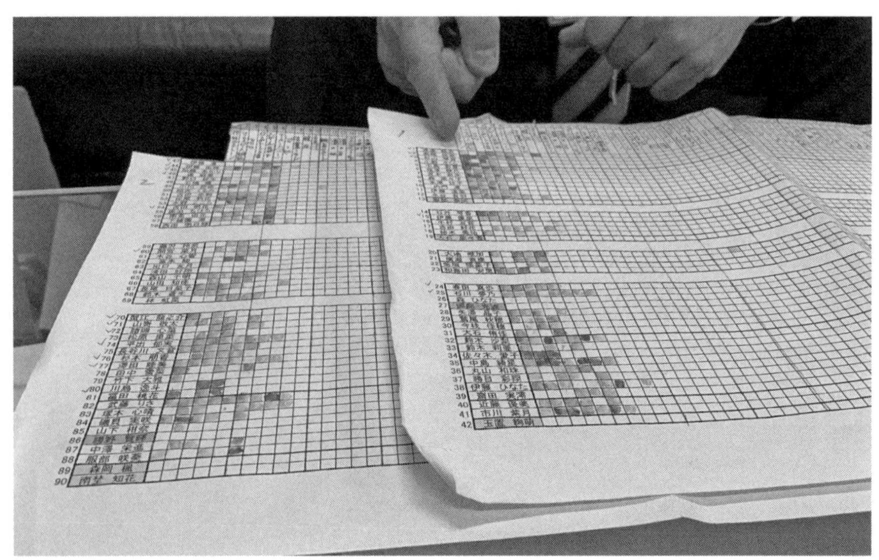

①30秒ロングトーン

30秒間ロングトーンを続けることができるか、というチェック。音の高さ、強弱は何でもかまいません。いかに息を効率的に使って音を出すかという練習。名電の部員でも20秒ほどで止まってしまう者が多いです。

②マウスピースバズィング

金管楽器はマウスピースのみで**C major**で１オクターブの上昇と下降(ドレミファソファミレドシラソファミレド)をやります。このとき、１音ずつ区切らないように、グリッサンドの要領でなめらかに音を変えていくのがポイント。吹くときの口内の形を、力まずにフレキシブルに変化させます。

木管のリード楽器はマウスピースで、フルートは頭部管で行います。

③ *ppp*

マウスピースのみで*ppp*（ピアニッシシモ）で吹く練習です。

音の出始めは絶対にタンギングを使わず、唇をデリケートに振動させて発音できるようにします。この練習によって、マウスピースを楽器につけたときにも充実した良い音色になり、コントロールする力もつきます。

よく「名電のトランペットはミストーンをしない」と言われますが、この練習によって養われる部分が大きいです。ちなみに、ヨーロッパではトランペット奏者がミスをしないのは当たり前で、日本のように「ミスをするのは仕方がない」という感覚とは少し違います。それは、ヨーロッパの奏者がこの「*ppp*」練習のように唇を繊細にコントロールする術を身につけているためです。

リード楽器に関してですが、「リードは3がいいですか、3 1/2がいいですか」といった質問を受けることがあります。人によって合う硬さは違いますし、答えは「繊細にコントロールできるならどんな硬さでもいい」となります。

④“磨く”2音ロングトーン

名電では、ロングトーンをするときに1音だけを伸ばすのではなく、必ず2音をセットにして行います。下記の楽譜のように順に下降していき、1オクターブ下がったら、今度は元の音まで上昇します。きれいな音色をつくる練習です。

このときに大切なのは、「自分の音は世界で一番美しい」と思って吹くこと。楽器から出てくる音は世界にひとつしかないその人の声であり、それを磨くのがロングトーンです。

⑤スケール（B♭・E♭・F）

もちろん、全調で演奏できることが理想ですが、まずは3つの長調のスケールを基本としてマスターしましょう。チューナーの正しいピッチというより、歌う時のように美しいメロディとしての音程間隔を身につけることをねらいとします。

⑥テヌート（ルー）

名電では、たとえば8分音符が4つ並んだとき、音符と音符の境界がはっきり出ないくらいにテヌートで吹くのが基本。舌の脱力とともにいかに息がきれいに流れるかを重視しており、何も指示がなくてもテヌートで吹くことになっています。

そのテヌートの感覚を養うため、まずは口で「ルールールールー」とフラットに歌い、同じように楽器で演奏します。（舌に力が入り首が締まることを「ロックがかかる」といいます。中高生に多くみられます）。

⑦ *fp* 一定

fp（フォルテピアノ）で ***p*** に落としたときに一定に保って音を伸ばせるかのチェック。***p*** で音を揺らさずに伸ばすことも簡単ではありませんが、なおさら不安定になりがちな ***fp*** で練習をします。息のスピードコントロールの練習です。

⑧ *pp* 音出しフェード

③「***ppp***」にも通じますが、マウスピースに息を吹き込み、唇（木管ならリード）が振動して音が出始めるタイミングをコントロールするための練習。片手でマウスピースを持って息を吹き込み、片手の人差し指を平行に動かしていきます。ちょうど自分の目の前を指が通過するタイミングを「音が出るポイント」とし、そこに来たときにマウスピースから「プーッ」と ***pp*** で発音できるよう練習します。

私がチェックする際には、「ここに来たら発音」というポイントを決めて私が指先を動かしていき、ポイントに来たタイミングで息からマウスピースを鳴らします。逆に、マウスピースを鳴らしておいて、指がポイントに来たら息音にするというパターンもあります。

⑨腹圧

タンギングをせずに、腹圧をグッグッとかける（腹筋に力を入れる）ことによって、音をフッ、フッ、フッと出します。

⑩音量*fff*

演奏する際には大きな音量を出す必要もあるため、*fff*（フォルテッシシモ）で自分が出せる限界の音をロングトーンで８拍〜16拍出します。

⑪“鍛える”2音ロングトーン

④「**2音ロングトーン**」はきれいに出すロングトーンですが、こちらは鍛えるためのロングトーン。肺の中に空気がなくなる限界まで音を長く伸ばし、絞り出します。曲の最後などでフェルマータが長くなることがありますが、それに対応するためには日ごろから練習しておく必要があります。

⑫ ♬♬＝96（タンギング中級）

16分音符を♩＝**96**でタンギングしながら刻めるかどうかのチェック。必ずシングルタンギングでやること。できれば80からだんだん上げていきます。

⑬ ♬♬＝100（タンギング上級）

⑫「**♬♬＝96**」のスピードアップ版。木管楽器はもう少しテンポを上げてもいいでしょう。こういった練習をやっておかないと舌が思うように動かなくなります。タンギングする際には、タンギングのたびに音が波立たないように、フラットに流れるように吹くこと。

⑭ゆれ止めチューナー（B♭•F）

名電では、チューナーで音程を測りながら曲を吹くということはほとんどありません。なぜなら、曲の最初のピッチは442Hzでも、終盤には445Hzに上がっていくかもしれないからです。そういったときはチューナーで音程を合わせて養った力よりも、耳で聴いて合わせる力が重要になります。

一方、名電がチューナーを活用するときは「音程をロックする」練習をするときです。「音程をロックする」とは、チューナーの針がゼロに来ていなくてもかまわないから、とにかく針が左右に振れないようにぴったり止まった状態に吹くこと。

これを**B♭**と**F**でできるようにするチェックが「ゆれ止めチューナー」です。

⑮ ♩.♬♩.♬♩.♬♪ 2連打

名電では、楽器を使わずに手や体を使って音やリズムをつかむ「体感」を大切にしています。これも体感を使った練習です。

このリズムを、楽器を使わずに手のひらで叩き、連続してやってみましょう。後ろの16分音符と次に来る付点８分音符がつながって、「タタッ、タタッ……」というリズムになるはずです。これは「ギャロップ」とも言います。

この「タタッ、タタッ……」というリズムは、特に吹奏楽コンクールの課題曲のマーチなどに頻出するものなので、手で叩いてリズムを体感しておくと、楽器で演奏したときに「手の動き＝舌の動き」になり、うまく吹けるようになります。

なお、手を叩くとき、なるべく左右の手を離した（開いた）状態から叩くようにするのがコツです。

⑯ ♩♬♪♬♪♫ 3連打

⑮「**2連打**」の発展版。このリズムも、連続して手で叩いてみると、後ろの16分音符×２と次に来る８分音符が３つの連続した音となります。「タタタッ、タタタッ……」とリズミカルに手を叩けると、うまく吹けるようになります。

⑰あと打ち横帯筋

「あと打ち」とは、いわゆる裏打ちのこと。マーチでホルンなどが「ッタッタッタッタ」と裏拍で吹いているのと同じリズムで演奏します。音の高さや強弱は何でもかまいません。大事なのは１拍ずつ腹圧をかけて演奏せず、流れるように一定に吹いていくことです。

そのときにポイントとなるのが「横帯筋」です。実際に横帯筋という筋肉は存在しないのですが、名電では腹筋のうちの上部、みぞおちのあたりを指して横帯筋と呼んでいます。管楽器を演奏するときに腹式呼吸を使うのはご存知だと思いますが、実は同じ腹筋

を使うにしても、息を吸うときは腹筋の下のほう、そして、息を吹いて楽器を鳴らすときは横帯筋を使うということが僕自身の研究でわかってきました。演奏する際に「お腹で支える」という言い方もしますが、これは横帯筋を使うことを意味しています。この「あと打ち」の練習をする際も、吹き始める前に横帯筋にグッと力を入れ(セッティング)、1フレーズ吹き終わるまでは緩めないようにします。これによって安定した「あと打ち」が吹けるようになります。

⑱ベンド

「ベンド」とは、口だけを使って通常吹く音とそこから半音低い音をなめらかに行き来することです。ジャズなどではよく使われるテクニックです。ベンドを練習することで、音程のコントロールと、シラブルをコントロールする力が養われます。B♭やFの音で練習してみましょう。

⑲ペダルトーン

「ペダルトーン」とは、金管楽器における倍音列の基音(第1倍音)のこと。非常に出しにくい低い音です。ペダルトーンの出し方は人によって違いますが、基本的には唇の筋肉をマウスピースの中心に向けて寄せてきて、真ん中の部分を緩める、という形になります。

実は、ペダルトーンを練習することはハイトーン(高音)を出す練習にもなります。日本の学生たちはハイトーンを吹くときに唇を横に引いてしまいますが、安定したハイトーンを出すには逆に唇を真ん中に寄せるほうが良いのです。つまり、ペダルトーンとハイトーンは唇の筋肉の使い方が似ているということです。

⑳リップスラー　㉑リップトリル

金管楽器は倍音を利用して音階を奏でます。中高生のほとんどが、息のスピードを変えてリップスラーをしています。しかしリップスラーとは、文字どおり口の動きだけで音を動かすことです。リップスラーでは、たとえば下のドとソなど、隣り合った倍音の音を唇のコントロールだけでなめらかに行き来します。それを高速にしたものがリップトリルです。

木管楽器でも、たとえばサックスはオクターブキーを押さずに息や唇のコントロールだけで1オクターブの行き来ができるように練習します。通常の半音階の練習です。

㉒半音階

通常の半音階の練習です。目的はフィンガリングと音程です。半音の音程をとれることは大切です。

㉓ブレスをとる練習

㉔ブレスをとる練習

音を抜いてブレスのタイミングをはかる練習です。３連符の最後の音を抜いて息継ぎをします。16分音符の場合も同様です。

重要なのは、どこでブレスをするのかを前もって理解し、そのブレスの長さ（＝抜く音符の長さ）をしっかり把握しておくことです。曲中でも何休符でブレスをするのかを身につけることは大切です。

㉕オペラブレス

オペラの歌手が、フレーズの合間に朗々と歌いながらまるで歌の一部であるかのように大きく「フゥッ！」と音をたててやるブレス。それを名電では「オペラブレス」と呼んでいます。コツとしては、力を抜くのではなく、水泳でブレスをする時のように力を込めて息を吸うことです。

㉖ダブルタンギング

㉗トリプルタンギング

ダブルタンギングは「ドゥク　ドゥク……」、トリプルタンギングは「ドゥドゥク　ドゥドゥク……」と表現されますが、「タカタカタカ」「トゥトゥクトゥトゥク」と短くならないように、いずれもテヌートでしっかり１音１音の長さを保って演奏します。また、音が波立ったり突っかかったりせず、一定に流れるように吹くことが大切です。

よく「トリプルタンギングなんて高度すぎる」と言われることもありますが、実はトリプルタンギングはダブルタンギングよりも簡単なのです。ヨーロッパでは、まずトリプルタンギングを学び、次にダブルタンギング、最後に通常のシングルタンギングを学ぶという方法もあるくらいです。

シングルから始めるか、トリプルから始めるかにかかわらず、ポイントはいかに舌の力を抜いて動かせるようになるかです。

㉘アーティキュレーション テヌート

㉙アーティキュレーション スタッカート

㉚アーティキュレーション

㉛アーティキュレーション

㉜アーティキュレーション

㉝アーティキュレーション

㉘〜㉝は、スケールなどをアーティキュレーションのパターンに変化をつけながら練習する方法になります。名電では㉘のテヌートが基本になりますが、㉙ではすべての音符にスタッカートをつけ、㉚では２音ずつスラー（タイではありません）で吹きます。**B♭ major**でやってみてください。この練習のポイントは、どの練習も同じ音色で奏することです。

㉞機関銃

名電のタンギングは一定に流れるように、が基本ですが、吹奏楽コンクールの課題曲のマーチにたとえると練習記号Ⓒのあたりの中低音パートに出てくるアクセントのついた力強い旋律などを演奏する際には違います。1音ずつ横帯筋を使って「ダッダッダッダッ！」と演奏します。これを「機関銃」と呼んでいます。歯に舌をぴったりとつけ、機関銃を連発するように瞬間的にダッダッと強く超短くタンギングします。

㉟グルペット

楽譜における「グルペット」とは「∽」の記号で表され、２度上と２度下の音を回って元に戻る装飾音のこと。ですが、名電で「グルペット」の練習はまた違った意味があります。

下のような楽譜を演奏するとき、１つの楽器で演奏するのですが、ソ→ファ→ミと下がっていく音のほうは中低音を奏する感覚で、「ドシド」は高音を奏する感覚で演奏する２種類の練習をしておきます。ピアノの右手と左手の感覚、と言い換えてもいいかもしれません。管楽器が単音しか奏でられないからこそ必要な表現方法です。

㊱インターバル

これも㉟「**グルペット**」と同様に２つの音のライン（A・B）、あるいはピアノの右手と左手の感覚で低い「ド」と上昇していく「レミファ……」を吹き分けます。

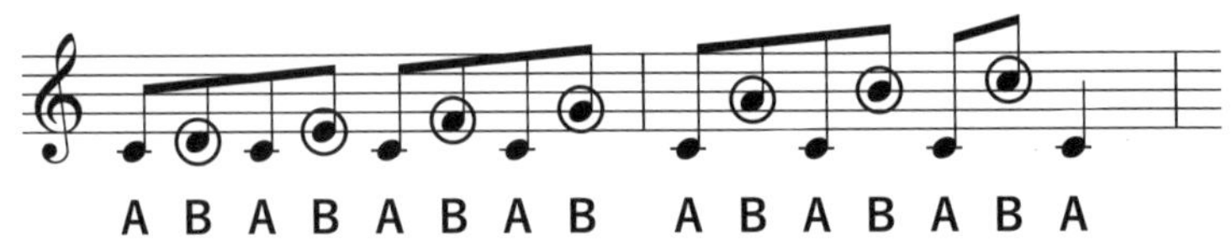

㊲クラーク（C）　㊳クラーク（B♭）

㊴クラーク（E♭）　㊵クラーク（F）

『クラーク：トランペットのための技巧練習曲』は、運指の練習にはもってこいの教則本です。いわゆる「連符（連続する速いパッセージ）」の練習ができるのですが、使い方にコツがあります。まずは楽器ではなく、口で早口言葉のように「ドレミド、レミファレ、ミファソミ、ドレミド……」と歌えるようになること。調が変わっても同様

です。歌えないと楽器でも演奏できませんが、歌えると指も自然と動くようになります。指回りをよくする練習なので指に集中しましょう。トランペットのみならずどの楽器でも使えます。

㊶半音階 応用

㉒「**半音階**」の応用バージョンで、㉘〜㉝にあるようなアーティキュレーションの変化をつけて半音階を演奏します。半音階はどこからでもスタートして奏することができるとよいですね。何も考えずに勝手に指が動いたら本物です。

㊷3度スケール

下の楽譜のように3度のスケールを練習します。半音階同様に口で言えるようにしましょう。

㊸前取り

木管楽器ならキーを押す、トランペットなどの金管楽器ならピストンを押す、トロンボーンならスライドをポジションに合わせる、といったように、意識的に半拍前に準備をした状態(前取り)で音を出す練習。

部員たちが音の立ち上がりでミスをするとき、キー・ピストン・スライドの準備が遅れているというケースがよくあります。そうならないための練習です。

㊹短調スケール

⑤「**スケール**」で登場する**B♭・E♭・F**を旋律的or和声的短音階でできるようにします。可能であれば、他の調でも練習します。

㊺アルペジオ

アルペジオ（分散和音）の練習です。下の楽譜は一例です。長調、短調で行います。

㊻トリル

名電でトリルをそろえる練習をするときは、まず手を使った「体感」から始めます。図のように手を組み合わせ、片方を上下に動かすことでトリルを表現し、速度と回数をそろえます。これは大変効果的な練習方法です。体感ができたら楽器で練習します。

名電のトリルには３つのパターンがあります。実際に曲の中にトリルが出てきたとき、「これだよ」と手の動きを使って示せば、全員が同じトリルでそろえて演奏できます。

片方の手を上下に動かし、体で感じる練習から

トリルのかけ方

①すぐかける

②少し伸ばしてかける

③後半で加速する

㊼SYMPHONIC BAND TECHNIQUE 4度（P8）

㊽SYMPHONIC BAND TECHNIQUE 5度（P9）

㊾SYMPHONIC BAND TECHNIQUE 6度（P9）

㊿SYMPHONIC BAND TECHNIQUE 8度（P9）

『SYMPHONIC BAND TECHNIQUE』という教則本を使い、４度・５度・６度・８度（１オクターブ）のインターバル練習をします。音程を認識し、感覚的に体でつかんでおくことで曲の中に出てきた時すぐに応用できます。

(51)純正調和音 3度（長短）

和音の感覚を純正律（純正調）でつかんでおくことも必要です。純正律は吹奏楽では非常に重要になる和音の考え方です。

ピアノのように１オクターブを12等分して音を出す楽器は平均律で、たとえば「ド・ミ・ソ」のような長調の和音では微妙なうねりが生まれます。吹奏楽は和音のそれぞれの音を別の楽器で演奏するため、個々の音のピッチは調整できます。その基準となる考え方が純正律です。

半音を100セントという単位で分割したとき、平均律では「ド～ミ」の長三度は400セントですが、うねりがなくなる純正律の長三度はそれより約13.7セント低いのです（自然倍音の原理から計算して出てくる数字ですが、ここでは詳しくは触れません）。

簡単に言えば、うねりのない澄んだ「ド・ミ・ソ」を吹くためには「ミ」のピッチを少し低くする必要があります。逆に、短調の「ド・ミ♭・ソ」を純正律で奏でるためには「ミ」を約15.6セント高くする必要があります。厳密に言えば、ごくわずかですが、「ソ」も２セント高くします。

以上を踏まえ、「長三和音」「短三和音」の練習をします。部員に対して、たとえば根音に「**C**」を提示し、「長三和音」での第３音・第５音、「短三和音」での第３音・第５音を吹かせます。

㉜ドミナントセブンス

㉛**「純正調和音 3度」**の発展型。三和音の上に「根音の短7度上の音」をプラスしたのが四和音の「ドミナントセブンス」。「ド」を根音とした場合は「ド・ミ・ソ・シ♭」となります。純正律では、この「短7度上の音」は17.9セント高くなります。

チェック方法は、先ほどの三和音のときと同様、根音を提示し、第3音・第5音・第7音(短7度上の音)を吹かせるようにします。

近年作曲された作品ではこのドミナントセブンスが当たり前のように使われるようになったため、練習に取り入れています。

㉝SYMPHONIC BAND TECHNIQUE 1

㉞SYMPHONIC BAND TECHNIQUE 2

㉟SYMPHONIC BAND TECHNIQUE 3

㊱SYMPHONIC BAND TECHNIQUE 4

㊲SYMPHONIC BAND TECHNIQUE 5

㊳SYMPHONIC BAND TECHNIQUE 6

㊴SYMPHONIC BAND TECHNIQUE 7

㊵SYMPHONIC BAND TECHNIQUE 8

先ほどもご紹介した『SYMPHONIC BAND TECHNIQUE』という教則本を使った練習になります。

この教則本はより応用的なテクニカルメソッドになっています。

伊藤先生の「吹奏楽部員の心をつかむワザ」

★上達の喜びを与え、自主性を重んじる

僕は公立中学校から吹奏楽指導のキャリアをスタートさせました。何年か経つと異動があるため、前任者のやり方が残るバンドで指導を始めるには、最初はその学校で行われていた活動や練習法を尊重するようにしていました。

新任や異動してきた先生を子どもたちは簡単に受け入れようとはしませんが、子どもたちから指導者としてリスペクトしてもらうためには「この先生に教えてもらえたらうまくなった！」という喜びを感じさせるのが一番です。そのために、まずは個人レッスンといったことをやりました。

子どもたちが伸びてきたら、今度は自主性や「自分たちで部活を運営している」という実感を与えます。名電でもやっていますが、係をたくさん作って１人１役与え、何かあるごとに先生だけで決めるのではなく、子どもたちに「どうしたらいい？」と意見を求めるようにしました。実際は先生のトップダウンでやったほうが楽なのですが、そうすると自主性やチームワークが育たず、不思議なことに音楽的な成長も頭打ちになります。僕が2001年に正和中学校で初めて全国大会に行けたときは、「子どもたちに部活動の６割を任せている」という感覚がとてもありました。そして仲の良いすばらしいチームでした。

指導者である自分の学びとして、当時の吹奏楽界のレジェンドだった宝塚市立宝梅中学校の渡辺秀之先生、千葉市立土気中学校の加養浩幸先生、川越市立野田中学校の佐藤正人先生のご指導を何度も見学に行かせていただきました。今でも各校のサウンドは耳に残っています。

ぜひ皆さんにも目標とすべき指導者とバンドを見学に行き、ご自身の肌で感じて、たくさんのものを吸収していただきたいと思います。

Method

個人で、パートで活用！
名電の曲練習パターン18

チェックリストを使って一人ひとりの基礎を整えたら、今度は曲の練習です。ここにも愛知工業大学名電高校吹奏楽部ならではの「音」だけではない、「演奏することそのもの」のブレンドが見て取れます。伊藤先生に教えていただきましょう！

●明確な指針に基づく効率のよい練習

名電の場合、曲の練習をするにもパターンが決まっています。部員たちは18のパターンを参考にして個人練習やパート練習を行います。合奏になっても、基本的に私もこのパターンを使いながら指導します。つまり、個人・パート・合奏のそれぞれで練習パターンが同一なのです。部員たちは合奏に向けて明確な指針に基づいて練習できますし、効率も上がります。このコロナの時代に効率はとても大事です。

なお、名電のパート練習には決まりがあります。それは、「パート練習のリーダーは先輩後輩関係なく、必ず持ち回りにする」ということです。１年生でもパート練習を仕切ります。そうすることで練習方法を自主的に考えるようになるのです。

バンドというものは、どうしても技術が高い部員がリーダーとなることが多いですが、そうすると他のメンバーが萎縮してしまいがちです。後輩たち、初心者で入部してきた者などはなおさらです。そうならないために、誰もがリーダーになるのです。もちろん、初心者は戸惑いますが、そういうときは「どうやったら良いと思いますか」と意見を求めながら進めていく。これも大事な学びになります。

それでは、名電の曲練習パターン18をお伝えしていきましょう。基本的な練習ばかりなので、バンドや部員のレベルを気にせずに活用していただけると思います。まずはマーチなど取り組みやすい曲に当てはめて実践してみてください。

●曲練習18のパターン

❶4拍練習

曲の冒頭からラストまで、1音ずつ響きを確認します。音色づくり、音程づくりが目的です。具体的には、楽譜に出てくる音を、装飾音などは除いてすべて4分音符に置き換えて吹いていきます。

❷リズム奏

難しいリズムが出てきたときの練習法です。楽譜のとおりに演奏するのではなく、下の例のように音をすべてB♭やFなどに統一し、集中してリズムを練習します。ビート感やリズム感を養います。

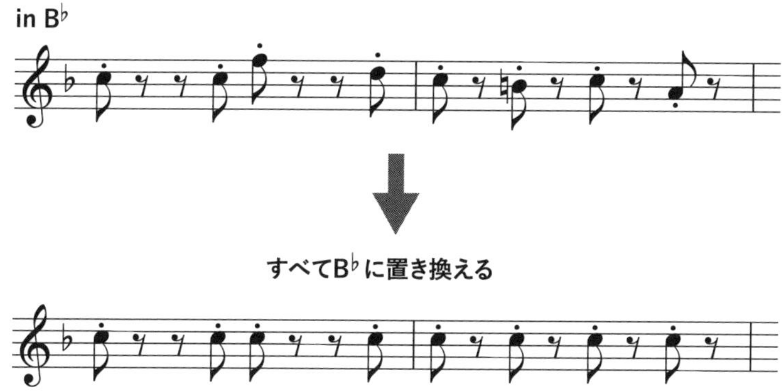

何回もくり返しているとリズムの特長やリズムウエイトも見えてきます。

❸ハーモニー奏

曲に登場するハーモニー(和音)を4拍ずつ演奏していく練習。吹奏楽コンクールの課題曲のマーチはこのハーモニー奏にうってつけで、各小節の最初の音だけを4拍伸ばすと(最初の音を全音符で演奏する)、ハーモニーの進行がくっきり浮かび上がってきます。

名電では、私が「ハーモニー奏!」と指示するだけで、全員がすぐそれができるようになっています。非和声音は飛ばして和声音を並べます。

❹付点練習（重要）

いわゆる「連符（連続する速いパッセージ）」が楽譜に出てきてなかなかうまく吹けないときの練習法です。16分音符が並んでいたら、一部の音符に付点をつけて練習すると、元の音符に戻したときに吹けるようになります。

付点の付け方は様々ですが、オーソドックスなのは下のような例です。

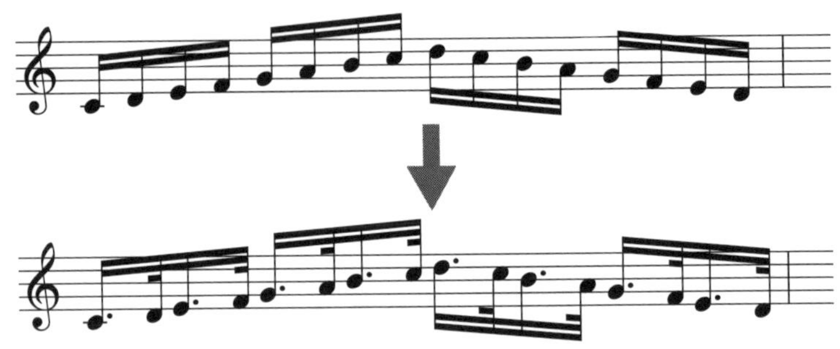

必ず逆 ♬. ♬. もやってください。

❺到達練習

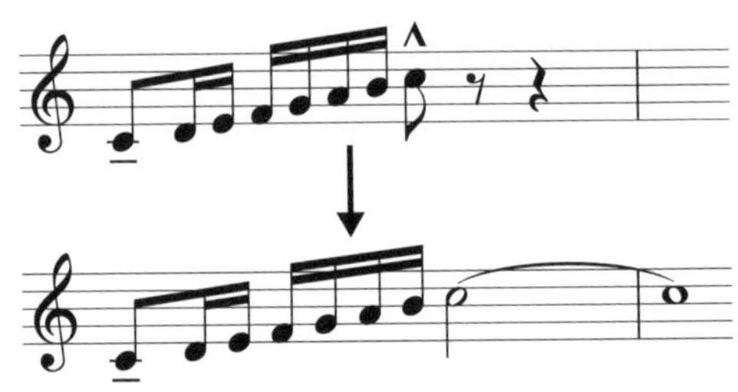

16分音符や6連符などで速いテンポで上昇していった先に到達する音符を長く伸ばし、音程や音の勢いに問題がないかを確認する練習です。下の例を参考にしてください。クレッシェンドの練習にもなります。

❻インターバル

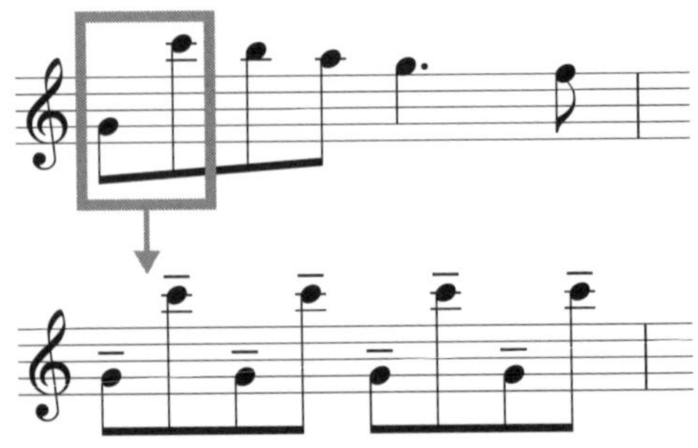

1つの音から次の音へのインターバル（間隔）がある部分を取り出し、テヌートをつけて繰り返し練習。なめらかに演奏できるようにします。

❼トーンコントロール(重要)

名電が大切にしている「体感」のひとつ。演奏するときに手の動きをつけることで音の高低を感じる方法です。基礎合奏のときにも使います。

たとえば、「ド・ミ・ソ・ミ・ド」という音の動きがあったとき、それを歌いながら片手の手のひらを水平にして、低い音ならお腹のあたり、高い音なら顔や頭のあたりに手のひらを動かします。トランペットのように片手で演奏できる楽器は、演奏しながら空いた手でやることもできます。

手を前後に動かす方法もあります。手のひらをおおよそ顔の高さで床に対して垂直に立て、高い音のときには手のひらを自分の顔のほうへ、低い音のときは顔から離して前方へ、中音はその中間くらいの位置へ動かしながら歌います。

非常に単純なものに思われるかもしれませんが、この「トーンコントロール」をやると、うまくできなかったところが不思議とできるようになり、平板な表現も音楽的に深まります。高音も出しやすくなり、音楽的な表現にとてもつながります。

❽スラー練習(重要)

いわゆるテンポの速い連符に対する練習法(スタッカートがついていたり、インターバルがあったりするものは特に効果的)。テンポを落とし、すべてスラーで演奏してみます。そうすることで息の流れをきちんと理解しながら響きを作ることができます。そうなってから元の楽譜のとおりに練習します。

息の太さをスムースにコントロールする大切な練習です。

❾*pp*練習　　❿*ff*練習

フォルテやフォルテッシモと指定されている部分は、つい勢いに任せて演奏してしまいがちです。そこで、その部分をピアニッシモで練習することでしっかりと音をコントロール。その上で指定どおりにフォルテ／フォルテッシモで吹きます。

逆に、ピアニッシモで指定されている部分は、弱々しく薄い響きになりがちなので、フォルテッシモで練習します。安定したコントロール力が身につきます。

⓫唄って指回し

演奏するのが難しい部分は、楽器を吹かず、歌いながら(ドレミ)指回し(運指)をします。演奏する上で大切なのは、楽器で吹く以前に、そこを歌えること。そして、指がきちんと動いているということ。なので、その２点を練習します。脳がきちんと指に命令することのトレーニングです。

⓬反復練習

難しい連符、リズムや音程がうまくとりにくいところなどは、たとえばそのフレーズや２小節程度などを取り出し、繰り返して練習します。これはリズミックに行ってください。正確なリズムはリズミックな練習から生まれるのです。

⓭スタッカート練習

❽「スラー練習」の反対で、スラーがついている部分がうまく演奏できないときは、すべてスタッカートにして練習します。音を点で感じるということです。

⓮オクバの法則

「オクバ」とは「オ：音程」「ク：食いつき」「バ：バランス」のこと。この３点をセットにしてチェックします。この法則を使って練習するのは、アクセントがついた力強い旋律が出てくる場面などです。

音程とバランスはおわかりだと思います。「食いつき」とは何かと言うと、何かに噛みついていくかのようなイメージで演奏することです。このときも「体感」を活用します。手のひらを叩いて「食いつき」のイメージを表現するのですが、ただ叩くのではなく、鋭く、短く、強く叩きます。実は、これは速い舌の動き(タンギング)とスピードのある息の融合を表しているため、通常は目で見えないタンギングの「見える化」でもあります。

⑮2拍あけ練習

長い曲のフレーズ途中に2拍あける部分を作るという練習法です。たとえば、フレーズごとに切り分けて、1つのフレーズが終わったところで2拍休み、次のフレーズを演奏します。あるいは、演奏するのが難しい部分があったら、引っかかるポイントの直前で切り分け、2拍あけてから続けて演奏します。

なぜ2拍あけるのかというと、そこでしっかり準備をすることが目的です。難しいところをひたすら続けてやるよりも、「2拍あけ練習」をしたほうが壁を乗り越えて短時間で上手くなります。

⑯腹圧練習

アクセントが並んでいる部分がうまくできないのは、ほとんどがしっかりした息がお腹から出ていないことが原因です。そんな時はこの「腹圧練習」を使います。タンギングをせず、チェックリスト(⑰**あと打ち横帯筋**)のところで出てきた「横帯筋」に力を入れて腹圧でアクセントをつけます。これで全員のアクセントが揃うようになってからタンギングをつけると実に楽に、見事に揃った演奏になります。

⑰テヌート分割　⑱スタッカート分割

音楽的にエスプレッシーボ(唄う)部分をつくる方法です。4分音符を8分音符に、8分音符を16分音符に……といった要領で分割して置き換え、テヌート／スタッカートをつけて練習します。下の例(テヌート分割のパターン)を参考にしてみてください。

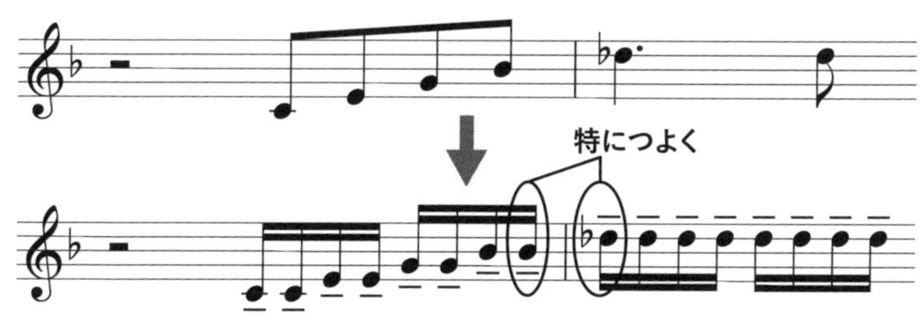

どこを長くするかで「唄い方」がはっきり見えてきます。

名電が実践しているコロナ対策

✣部員たち自身でルールを作る

ペア練習の様子

名電では約200人という部員がコロナ禍で活動していくために、細かいルール作りをしました。ポイントは、部員が自分たちで考えたというところです。練習場の中での移動の仕方、手洗い・うがい、体温チェック・右側通行……など部活の始まりから終わりまでのルールが決められ、『部員の手によるコロナ　ルールづくり　活動ディスタンス』という冊子にまとめました（もちろん、全員が持っています）。そして、すべてが机上の空論にならないように、実際にシミュレーションをして問題点を修正し、「これならできる」というものにまとめ上げています。合奏練習をするホール内は、指揮者のまわりと奏者の間をビニールシートで区切り、距離も以前より広くしています。部員たちはフェイスシールドをつけ、楽器を吹くとき以外はマスクを着用。一人ひとりが消毒薬の入ったスプレーを持っていますし、30分に1回は窓を開けて換気もしています。ペア練習をするときなども、高くした譜面台にビニールをかぶせることで簡易のパーティションにしています。これだけ対策したので、学校や保護者等活動に対する苦情や心配の声はまったくありませんでした。NHKでも取り上げられました。

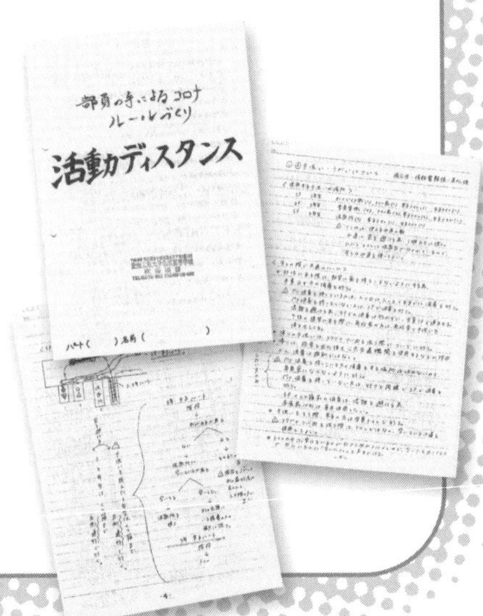

部員の手によるコロナ
ルールづくり
活動ディスタンス

Method

名電が毎朝必ずやっている シンプルなのに力がつく基礎合奏=倍音練習

音が見事にブレンドし、遠くまでよく響く倍音が生まれでてくる愛知工業大学名電高校吹奏楽部の演奏。他校と同じように基礎合奏も行っていますが、その内容は非常にシンプルながら奥が深いものになっています。

●基礎合奏は「バンドのへそ」

名電では、基礎合奏を朝練習の時間に必ずやるようにしています。基礎合奏は、音出しではありません。合奏体の音づくりの大切な時間としてとらえています。音をブレンドさせ、倍音を響かせることを最大の目的としているため、「倍音練習」とも呼んでいます。

具体的なやり方はいくつか後述しますが、名電ならではの基礎合奏のメソッドがあります。まず、譜面台は全く置きません。そして、その日によって一人ひとりの座る位置を変えさせています。あまりメトロノームは使わず、僕の指揮に合わせて演奏させるのですが、そのときに指揮を見るだけではなく、左右にいる他の部員の動きや音を意識し、音を合わせるようにさせます。毎日同じ場所で練習しているといつも同じ場所から同じ部員の音が聞こえてきますが、場所を変えさせることで様々なパートの部員と音が合わせられるようになるのです。たとえば、Aさんが右、Bさんが左で吹いていて合わなかったとき、左右を入れ替えて基礎合奏をし、元に戻すとピッタリ合うこともあります。基礎合奏中に全体的に座る場所を変えさせたり、パート内で変えさせたりすることもあります(「シャッフル！」と指示を出すと、部員たちはすぐに場所を移動します)。

こうすることで、音を合わせる技術だけでなく、曲を演奏するときに近くにいない人の音や存在を感じることができるようになります(たとえば、トランペットがアルトサックスを、チューバがフルートを)。きっと各地の名バンドはそういった感覚を持ちながら演奏しているのではないかと思います。

基礎合奏とは何か、一言で言えば「共通理解」です。基礎的なところで部員たちがどう演奏するのか同じように理解できていれば、曲を演奏するときにもそのまま活かせます。「バンドのへそ」とでも呼ぶべきもので、基礎合奏をやればいつでもどこでもみんなが名電サウンドの原点に戻れるという非常に大切なものです。

基礎合奏をするとき、部員たち同士で頻繁に意見交換もさせています。僕はよく「隣にいる人が先生だと思え」と教えていますが、その言葉どおりに部員たちは指示を出されなくても先輩後輩関係なく「もっとこうしたらいいと思う」というのを積極的に伝えあっています。それもまた「共通理解」に近づく歩みのひとつです。

それでは、名電で毎朝行っている基礎合奏＝倍音練習の一部をお教えしましょう。「こんな簡単なものなのか」と驚かれるかもしれませんが、実に奥が深い練習です。

●基礎合奏の練習内容

これを徹底すると倍音が響きわたり、とても充実したサウンドになります。

基礎合奏① バランス練習

A・B・C・Dというグループで重ねていく一般的なバランス練習とは違います。単純に同じ高さの音を吹くパートを同一グループとして、全体をA「チューバ」B「バスクラリネット・テナーサックス・バリトンサックス・ファゴット・ホルン・トロンボーン・ユーフォニアム」C「フルート・オーボエ・クラリネット・アルトサックス・トランペット」の３グループに分けます。

テンポは**Allegro**くらいで、最初に「金管楽器」「木管楽器」で下の楽譜のように演奏し、続いてそれぞれのグループごとに演奏していきます(楽譜はin **C**です)。

基本が２つの音（最初なら**F**と**E**）の組み合わせになっているのは、チェックリストの「**2音ロングトーン**」でもやっているとおり、２つの音（半音）にすることで音程に敏感になることができるからです。

各グループは音色・音程・息のスピード・音の出だし・リリースなどすべてを同時に揃えるように心がけながら演奏し、最後まで行ったら部員同士で意見交換をしたり、座る位置をシャッフルしたりします。そして、音のブレンド、倍音によってサウンドが豊かに響くようになることを目指します。

途中、合いにくいグループがあったら、グループ内のパートごとに合わせたり、合っていないパート同士を近くに座らせてお互いの音をよく聞かせるようにしたり……といった工夫をします。

なお、打楽器は管楽器の伸ばしのところでスネアドラムなどを４分音符で４拍叩きます。

基礎合奏② バリエーション：8分音符で

先ほどの基本となる楽譜の２分音符を８分音符で演奏します。このとき、「曲練習パターン」の⓮「**オクバの法則**」を使い、８分音符にアクセントをつけて「食いつく」ように練習することもあります。

基礎合奏③ バリエーション：8分音符＋テヌートで

テヌートは名電の基本となる吹き方です。基本となる楽譜の２分音符を８分音符に置き換え、なおかつテヌートをつけて吹きます。一定の音でなめらかに吹くことが求められます。

うまくできないときは「体感」を使います。水平に上げた手のひらを１音ごとに撫でるように左右に動かしながら、「ラタタタ、タタタタ、タ～」と歌ってみます。これによって「一定の音でなめらかに」という感覚を手の動きと視覚でつかみ、楽器での演奏に活かすのです。

基礎合奏④ バリエーション：4分音符＋スタッカートで

基本となる楽譜の２分音符を４分音符に置き換え、スタッカートで演奏します。スタッカートになっても、音程や音色、音の出だしなどがずれないようにブレンドし続けていることが大切です。

先生の思い出アルバム

名電・伊藤先生の「ビギナー時代」

近所の川で知った倍音のすごさ

僕が初めて倍音の力に気づいたのは、初任校だった三重県の桑名市立陽和中学校のときです。生徒の中に双子がいて、「はい！」と返事をするときにタイミングも音の高さもぴったりなんですが、どれだけまわりがざわついていてもはっきり聞こえるくらい響いてきました。共振とはすごい効果です。

その後、３校目の桑名市立正和中学校で吹奏楽部を指導しているとき、忘れられない経験をしました。正和中は初めて僕が全日本吹奏楽コンクールに出場したバンドです。学校のすぐ近くには川が流れていました。そこで、吹奏楽でよく話題になる「倍音」というものの力を試してみようと、ある実験を行ったんです。

川の向こう側にトランペットの部員２人を立たせ、最初はピッチを少しずらしてフォルテで吹かせてみました。結果は、対岸にいる僕にはなんとなく聞こえてくるレベル。次にピッチをぴったり合わせて吹かせてみたところ、なんと倍くらいの音量で聞こえてきたのです。「倍音っていうのはこういうことか！　共振の力はすごいな！」と驚きました。

当時の全国大会の会場は普門館という巨大なホールでしたけど、「倍音を響かせられれば、力まなくてもいいんだ」と思うことができました。そして、ブレンドと倍音にこだわり、初出場で金賞を受賞することができました。これが僕の原点になっています。

第5章

吹奏楽によって何を伝え、何を育てるべきか？

「“感動”のバンドづくり」

独自の部活文化を育んだ名物顧問の人間教育

佐藤淳先生

（北海道旭川商業高等学校吹奏楽部顧問）

全国には個性的なスクールバンドが多数ありますが、その中でも存在感がひときわ強いのが北海道旭川市の旭川商業高校吹奏楽部。2021年度で定年退職となる顧問の佐藤淳先生が29年間かけて育て上げてきたバンドです。決してエリート集団ではない部員たちの演奏や日々の活動の様子は、これまで多くの人の胸を打ち、涙を誘ってきました。そんな「感動のバンド」のつくり方を佐藤先生にレクチャーしていただきます。

PROFILE

（さとう・じゅん）1961年生まれ。北海道出身。北海道旭川北高等学校を経て、武蔵野音楽大学音楽学部ピアノ科卒。担当教科は音楽。学生時代は吹奏楽の経験はなし。1992年より旭川商業高等学校に赴任し、吹奏楽部顧問に就任。同部を率いて全日本吹奏楽コンクールに５回出場し、金賞２回。2021年９月にNHKで放映されたドキュメンタリー番組『夜明け～先生と子どもたちの最後の夏～』も話題に。

Method

「丸出しの高校生たち」を輝かせる!

旭川商業高校吹奏楽部を見ていて感じるのは、部員たちがキラキラ輝いているということです。明るく笑顔を振りまき、元気よく声を上げ、人の心を打つ音楽を奏でる……。そんな「感動のバンド」の根本にあるものは何なのでしょうか？

●“感動"をつくろうと思ったことはない

ありがたいことに、旭川商業の演奏をコンクールや定期演奏会などでお聴きになった方や、普段の活動を見学された方、動画配信サイトで演奏や合唱をご覧になった方から「感動した」「涙が出た」と言っていただけることが何度もあります。ですが、私自身は「“感動”というものをつくろう」「感動させよう」と思ったことはありません。では、なぜ旭川商業が「感動した」と言っていただけるのかというと、おそらく「丸出しの高校生たち」の美しさによってではないかと私は思っています。

旭川商業は、部員の中には中学校時代に全日本吹奏楽コンクールを経験した者も数名いますが、エリートの集団などではありません。高校から吹奏楽を始めた初心者もいます。難しい環境に置かれた者も少なくありません。

そんな部員たちが旭川商業で吹奏楽部に入って学ぶことは、カッコつけずにありのままの自分をさらけ出していく、ということです。

多感な高校生たちにとっては勉強よりも難しいことかもしれません。ですが、旭川商業では、自分の殻を割ることができる仕組みが日常の部活動の中に取り入れられています。

例を挙げると、「あだ名制度」や「歌の重視」もそうですが(いずれも後述します)、モジモジしながら入部してきた1年生が殻を割るイベントとして「ダンス発表会」というものがあります。1年生で6～7人のグループを作り、創作ダンスを披露するのです。もちろん、最初はほとんどの生

体を動かしながら表情豊かに歌を歌う部員たち(2017年)

徒が「やりたくない」「前に立つのが恥ずかしい」「ダンスは苦手」と尻込みをしますが、チームとしてダンスを仕上げるためにはやるしかありません。そして、部員たちの前で実際に披露してみたとき、実は「恥ずかしがっていることがいちばん恥ずかしいことなんだ」ということを学ぶのです。

また、先輩たちが恥ずかしがらずに自分をさらけ出し、何事にも全力で取り組んでいる姿を目にすることで、「ここでは赤裸々に生きていいんだ」「自分に正直でいていいんだ」「自分を出すことが正しいことなんだ」と思えるようになっていきます。

●自己肯定感を持てるように

前述したことは、「自己肯定」ということともつながってきます。

全国的な傾向でもあると思いますが、自己肯定感が低い高校生はたくさんおり、旭川商業の吹奏楽部も同様です。しかし、「自分に正直でいていいんだ」という感覚をきっかけにして、少しずつ自己肯定を学んでいきます。

吹奏楽では、各パートの1stのトップ奏者がいわゆるエースプレイヤーということになります。ソロやメロディを担当し、華やかなポジションです。高校生であれば、誰もがその立場になりたいと思うでしょう。

コロナで中止になった「北海道音楽大行進」に代わり、2021年に校庭で行われた「幻の音楽大行進」にて。

しかし、旭川商業で部員たちが学ぶのは、人にはそれぞれ役割があるということです。エースのポジションが似合う者もいれば、それを補佐するのが得意な者、縁の下の力持ちが得意な者、絶妙にみんなの間を取り持つのがうまい者……などもいます。決して全員がエースにならなくてもいいのです。

「エースにはなれないかもしれないけれど、自分は別の場所で輝ける。自分は必要な人間なんだ！」

卑屈にならずにそう思えるようになることが「自己肯定」です。

これは吹奏楽という音楽の編成内でもそうですし（高音・中音・低音・打楽器、メロディ・対旋律・伴奏など）、部活動の運営（部長・副部長などの幹部、パートリーダー、それぞれの係など）も同じです。さらに言えば、クラスの人間関係も、卒業後に経験するであろう社会生活でも同じ。

つまり、人間社会のすべての局面で生きてくるものが「自己肯定」であり、旭川商業高校吹奏楽部ではそれを育むことを大切にしています。

●ミーティングは練習と同じくらい大切

旭川商業では頻繁にミーティングを行っています。「ミーティングのためのミーティング」は時間の無駄ですし、それだったら楽器の練習をしたほうがよほど良いですが、旭川商業にとってのミーティングは「相手の考え方を知る場所、機会」であり、とても大切なものです。

決して「結論を出す場所」ではない、というところがポイントです。私がよく部員たちに言っているのは、「学校や社会では多数決で物事が決まることがたくさんあるけど、９対１の１の方に真理があることもあるよ」ということです。特に高校生ですから、10人のうち９人が選んだ選択肢があったとしても、実は「他の人が選んでいるから」とか「もともと決まっているから」とか「どうせ反対意見を出しても通らないから」とかいった理由でそちらを選んでいることもあります。

一方、圧倒的少数の１人の意見を切り捨てるのではなく、必ず「どうしてそう思うのか」と耳を傾けることも大事です。そして、最終的にどうしていったらいいのかということを納得するまで話し合うのです。すると、９対１だったものが、逆に１対９や０対

10になることだってあります。

こういったミーティングによってお互いを理解し合うことができるようになり、集団としての「一体感」や「信頼感」が生まれてきます（この「一体感」は「全員が同じ考え方をする」というような意味ではありません）。

私の経験から言うと、この「一体感」や「信頼感」は音楽にも大いに影響するものです。わざわざ練習時間を割いてまでミーティングをする必要はあるのかと思われる方もいらっしゃるかもしれませんが、旭川商業ではミーティングをしたことによって演奏がガラッと変わり、見違えるような素晴らしい音が響いた、ということが何度もあります。

「集団の一体感」が「音楽の一体感」を生み出し、それによってさらに「集団の一体感」が高まっていく……というポジティブなスパイラルが生まれます。

実際のところ、ミーティングには長い時間がかかりますし、重苦しいムードになることも少なくありませんが、吹奏楽部という学校の部活動の中では非常に重要なものだと私は考えています。

ミーティングで生まれる「一体感」や「信頼感」は音楽にも影響する

Method

旭川商業の「心をほぐす」基礎トレーニング

全国の吹奏楽部にはおおよそ定番の部活動の流れがあります。集合→ミーティング→個人練習またはパート練習→合奏→ミーティング、というパターンが多いのではないでしょうか。それでは、旭川商業高校吹奏楽部で部活動冒頭に行われている「トレ」を見てみましょう。

●最大の目的は「壁」を取り払うこと

旭川商業で「トレ」と呼んでいるのは、楽器を使わない「基礎トレーニング」のことです。「トレ係」と呼ばれるリーダーが各学年に３人おり、この３人が前に立ってトレを進めていきます。

やることは、ストレッチや筋トレ、ブレストレーニングなどです。楽器は体を使って演奏するため、前もって筋肉をほぐしておくことも有効ですし、重い楽器を操りながらの長時間の練習やコンサートに耐えうる体力や筋力、精神力を養うという意味もあります。

ですが、旭川商業のトレでもっとも大切なのは、「壁」を取り払うことなのです。

後述するように、基本的にトレは２人１組でいくつかの種類を行いますが、このペアはトレごとにランダムに組み替えます。学年やパートも関係ありません。楽器の練習とは違う状況で、ペアになって体を動かす中でお互いを知ったり、コミュニケーションしたり。それによって自然に学年やパート、普段から親しいかどうか、といった「壁」が取り払われていきます。

それでは、旭川商業のトレをご紹介していきましょう。

柔軟／裏腿を伸ばす①

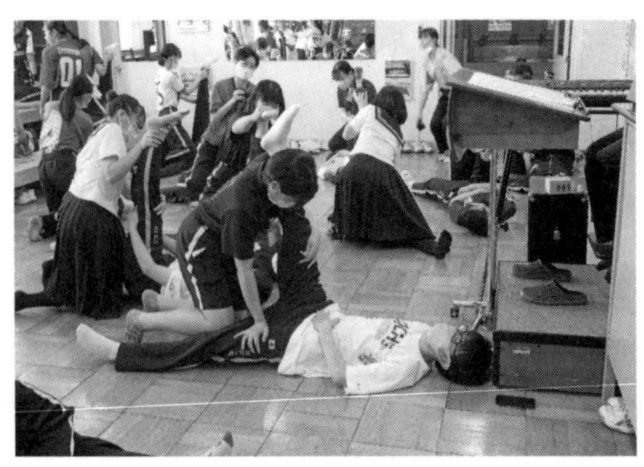

ペアになって１人が仰向けになり、もう１人が片足ずつゆっくり上へ持ち上げていきます。このとき、メトロノームを使って「♩＝60」でリーダーが「せーの、イチ、ニ、サン……ジュウ」とカウントします。この間、足を伸ばされている側は息を吐い

ていきます。片足ずつ10拍×２セットやります。終わった後、「ありがとうございました」という挨拶をします。

柔軟／腿裏を伸ばす②

１つが終わるごとにペアを変え、次のトレに移ります。次は、１人がアキレス腱を伸ばすような体勢になり、もう一方の人が腿裏を押します。伸ばす側は息を吐いていきます。ストレッチ系は痛くならない程度にやることがポイントです。これは片側10拍で行います。

柔軟／開脚で体側伸ばし・前屈

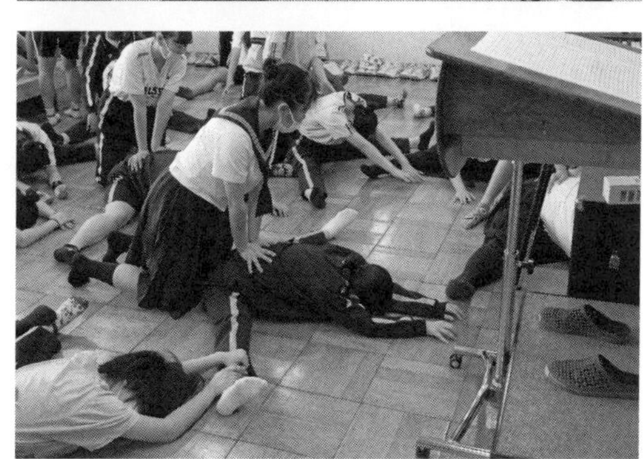

体育などでもよく行われる一般的なストレッチです。開脚した状態で、まずは体側伸ばし。左手を右の太腿あたり、右手は高く挙げて顔の横から左の足先に触れるような体勢で体側を伸ばします。左右それぞれ10拍ずつ行います。その後、前屈を10拍行います。「もう無理！」「本当にきつい！」など部員たちの声が響きますが、これもまたトレの目的であるコミュニケーションの一種です。

腹筋

これも体育で行われているのと同じ方法です。膝を90度に曲げて両脚を床から上げ、リーダーの「イチ、ニ、サン……」のカウントに合わせながら（このときはメトロノームは使わず、リーダーは全員の様子を見ながらテンポをとります）腹筋を使って頭と上体を持ち上げます。15回行います。

背筋

うつ伏せになって手足をピンと伸ばし、リーダーのカウントに合わせて上体を反らします。「♩＝**80**」くらいで、２拍で上体を反らし（このとき、手のひらが天井を向くようにします）、２拍で息を吐きながら上体を戻します（同時に手のひらを回転させ、床のほうに向くようにします）。15回行います。

体幹

肘を付きながら腕立てのような体勢をキープします。30秒キープを２セット、もしくは３セット行います。この体勢をしたままで歌を歌うこともあります。課題曲のマーチなど一定のテンポの曲が適しています。トレ係は部員たちの間を歩き回ってしっかりできているかチェックをします。

マッサージ

ペアになり、肩や腰などトレで固くなった部分をほぐします。リラックスしてコミュニケーションが促進されます。

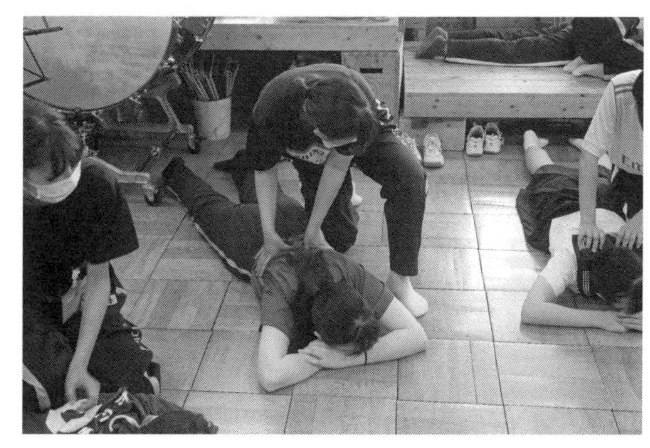

呼吸法（ブレストレーニング）

基本は「♩＝60」で1セット8拍を4回行います。このとき、旭川商業では全員が窓の方を向き、音楽室の外に見える遠い景色のほうまで息を飛ばすつもりで吐くようにしています。いずれのパターンも、リーダーが「ワン・ツー・スリー・フォー……」とカウントをします。また、息を吸うときに右手をゆっくりと上へ挙げ、吐くときにその手を今度は前へと伸ばしていきます（息の方向と遠くへ飛ばすイメージをするため）。

①4拍吸って、4拍で吐く×4セット
②2拍吸って、6拍で吐く×4セット
③1拍吸って、7拍で吐く×4セット

Method

旭川商業と「歌」の深い関係

旭川商業高校吹奏楽部といえば、全国の吹奏楽部で歌われている合唱曲《夜明け》が生まれた学校でもあります。部活動では、あらゆる練習メニューで部員たちの歌声が響いてきます。旭川商業と「歌」の関係とは……？

旭川商業では、歌を中心として体の動きをつけたソルフェージュをやっています（曲に合わせてエア楽器のように手を動かしたり、ミュージカル風に振り付けをつけたりして、音楽を体で表現します）。

また、それ以外に合唱や踊りながら歌うこともありますし、合奏練習中に楽器の代わりに歌うこともあります。部内のちょっとしたイベントで歌うこともあります。

最近では練習に歌を取り入れているバンドはたくさんあると思いますが、私が吹奏楽指導を始めたころは、吹奏楽の練習で歌うことについてはむしろ否定的な考えをされていたように思います。ですが、私が指導していく上でモデルにした千葉県の習志野市立習志野高校吹奏楽部（当時は新妻寛先生が顧問）の合唱に感動してから旭川商業の練習にも取り入れるようになりました。私自身が歌が好きだったということもあります。

歌うことは簡単だと思われることもありますが、実は楽器よりも難しい面があります。「歌おう」という意志がないと声が出ず、歌は生まれません。ピアノは意志がなくても鍵盤を指で押せば、調律された音程で音が出ます。歌は意志を持って声を出し、また、ピッチも自分で定めなければなりません。

吹奏楽部に入ってきたばかりの１年生はたいてい歌うことに対して、「恥ずかしい」「私はオンチだから……」と消極的になっています。実際、歌は難しいのですから、それは仕方ありません。ですが、先輩たちが目を見開き、口を大きく開け、表情豊かに歌っている姿を目にすることで、「こうやって歌うことがカッコいいんだ」「人を感動させる歌はこういうものなんだ」「恥ずかしがっているほうが恥ずかしいんだ」ということに気づくようになります。

歌えるようになると、楽器のほうも自然になっていきます。歌にはそれだけの効果があります。

ただ、歌よりも吹奏楽のほうが難しい面もあります。楽器の技術はもちろんですが、大きな違いは歌詞がないということです。歌詞＝言葉によって伝えられていたものがなくなりますので、いかに歌詞なしで音楽を表現するかという部分が重要になってきます（もちろん、歌詞のある歌によってイメージをふくらませたり表現を豊かにしたりすることは、吹奏楽の演奏に大いにプラスになります）。

また、歌うことで満足してしまう、歌うことが目的化してしまうことにも注意が必要です。漫然と歌うのではなく、それが音楽的な成長につながっていることが大切です。

その点に気をつけた上で、ぜひ積極的に部活動に歌を取り入れていただきたいと思います。

ソルフェージュ中のワンシーン。

旭川商業から生まれた合唱の名曲《夜明け》

「あなたに会えて自分が見えた」から始まる《夜明け》という合唱曲は、1998年度の卒業生（当時の３年生）が言葉を持ち寄って作詞し、その中の１人だったファゴット担当の八幡映美（てるみ）が作曲してできた曲です。

実は、この年の吹奏楽部は決してうまくいっていたわけではありませんでした。演奏技術が低いだけでなく、部員たち（特に３年生）は私の言うことを聞こうとせず、運営には例年に比べてかなり苦戦していたのが正直なところです。

この年、吹奏楽コンクールの自由曲に選んだのはモーリス・ラヴェルの《バレエ音楽「ダフニスとクロエ」第２組曲より》。部員たちは冒頭からきちんと演奏できない状態でした。そこで、徹底的にマンツーマンで練習を見てやったところ、部員たちはだんだん上達していき、自分たちも演奏が楽しくなったようで、少しずつ部内の関係性も改善されていきました。

そして、コンクール本番。当時は東海大学付属第四高校（現在の東海大学付属札幌高校）と北海道札幌白石高校の黄金時代でした。北海道代表は２校だっ

《夜明け》を歌う部員たち（2021年度）。２番は手話をつけながら歌います。

たのですが、なんと旭川商業が札幌白石と同点2位になったのです。決選投票で代表にはなれませんでしたが、当初の部活の状況から見ると充分すぎる結果でした。

さて、3年生はコンクールが終わると受験などに向けて仮引退となるのですが、その直前に3年生が音楽室に集まっていて、私が寄っていくと逃げ出すのです。「せっかくコンクールで仲良くなれたと思ったのに、俺を避けるのか」と腹を立てていたのですが、実はこっそりサプライズを計画していたのでした。

それが合唱曲の《夜明け》でした。

《ダフニスとクロエ》の中に出てくる曲の名前からタイトルをとったその曲を、仮引退となる日に3年生が歌ってくれました。言うまでもなく、私は号泣しました。苦労させられた学年でしたが、最高の贈り物をもらいました。

その後、いまはプロのピアニスト・ハープ・打楽器奏者として活躍している原口沙矢架が《夜明け》を楽譜に起こしてくれて、他校からの見学などがあったときに歌っていたのですが、それが音楽出版社から楽譜として出版され、日本全国で歌われるようになっていきました。埼玉県の強豪校、埼玉栄高校では部活の最後に必ず全員で《夜明け》を歌ってから帰るのだそうです。

いまでも私は部員たちが歌う《夜明け》を聴くと目が潤んできます。当時の3年生が作ってくれた歌詞に出てくる「あなた」とは顧問であった私をイメージしてくれたのだと思いますが、各地でそれぞれの団体が歌うとき、それぞれの「あなた」をイメージして歌えるのがこの歌の良いところだと思います。

現在は宍倉晃さんが吹奏楽編曲をしてくださって、演奏とともに合唱できる楽譜も出版されていますので、機会があったら読者の皆さんのバンドでも歌っていただけたら嬉しいです。

《夜明け》作曲者の八幡(現姓・高橋)映美さん

Method

パート練習と合奏練習のポイント

「感動」の音楽が生まれる旭川商業では、パート練習と合奏練習にも独特のポイントがあります。佐藤淳先生が重視するところは、もしかしたらベテランの指導者にとっても「目からウロコ」かもしれません。

●「基礎パ」で難しいところはオウム返しで

パートごとにやる基礎練習のことを旭川商業では「基礎パ」と呼んでいます。練習内容は一般的なもので、各パートにまかせています。

ただ、一貫して伝えていることは「アタック、コア、リリース」という音形に注意すること、歌うように楽器を奏でること、そして、音程よりも響きを大切にすることです。私も若いころは「音程病」に罹って、「音程を合わせろ！」と口を酸っぱくして言っていました。ところが、どれだけ音程が合ったとしても、音楽的に豊かにならず、「きれいな演奏だね」で終わってしまうことに気づきました。それ以来、音程が合っていることよりも、美しく豊かに響くことを大切にしています。

それと、パート練習では、先輩と後輩の技術的な差が出てしまうことがあります。その場合、先輩と後輩をペアにして、まず先輩が演奏し、同じところを後輩が演奏するという「オウム返し」をさせています。これを続けていくと、自然に後輩の技術が上がるだけでなく、演奏の仕方が先輩に似てきます。

これと同じように、生活面でも後輩たちは先輩たちの姿を見て、先輩たちの真似をし、先輩たちに似ていきます。ですので、私はいつも上級生に「後輩に向かっていばるんじゃないぞ。後輩たちに背中を見せろ」と教えています。

●合奏練習は「課題を見つける場所」

指導者として未熟だったころ、私は曲の合奏練習を「はい、頭から4小節！」といった感じにスタートしていました。ですが、これだとどうも練習も演奏自体もギクシャクしてしまいます。

いまはまず楽譜を配ると、「眺めて～。はい、じゃあ、やってみるよ。せーの！」で初見合奏をします。とにかく、1、2回最後まで通してみるのです。その後で「この曲、どこがいちばん美味しかった？」と聞いてみて、そこから練習を始めるのです。曲のいちばん美味しいところ、いちばんカッコいいところは、部員たちにとって最高の教則本になります。

曲の頭から何時間もかけて数小節ごとに合奏していく方法だと、確かに曲を正確に演奏できるようになるかもしれませんが、部員たちは曲を嫌いになってしまうでしょう。

合奏練習中、私がチェックしているのは部員たちの表情です。歌を歌うときと同じで、楽器を奏でるときも曲に合わせた表情をしていることが大事です。私はよく「演歌歌手はつらい歌詞のところはしかめっ面で、悲しい歌詞のところは泣きそうな表情で歌っているだろう？　それと同じだ」と言っています。

表情については、指導者も同じです。指揮する指導者が真顔だったり仏頂面だったりすると、演奏する側も同じになります。部員たちだけでなく、ぜひ指導者自身も豊かな表情をしてください。

それと、私は合奏練習は「課題を見つける場所」だと思っています。私が指示することもありますが、部員たち自身が「次の合奏までに、自分たちは何を優先して練習してくるべきなのか」を考えることが大切です。そのように自分たちで逆算をしながら考え、練習を組み立て、合奏に望むほうが部員たちにとっては楽しいと思います。mustとwantの違いで、「〜しなさい」「〜しないとダメだよ」と言われてもやる気になりませんが、自分たちで「こうしたい」と思って取り組むことだと積極的になれます。

音楽室での合奏風景（2017年）

佐藤先生の「吹奏楽部員の心をつかむワザ」

★「群れ」をつくらず「心の一体感」を

私は意図的に部員たちの心をつかもうと思ったことはないですが、ごく普通に心がけていることは、見かけた部員に声をかけて言葉を交わすことです。「ちゃんとメシ食ってきたか？」というような日常会話がほとんどです。

部活ノートに悩みを書いてきた部員だけでなく、顔を見れば「何か悩んでいるな」というのはわかりますので、そういう部員には声をかけるようにします。そのとき、たとえば音楽準備室に呼び出して真正面から「大丈夫か？」と話をするよりも、あたかも「偶然見かけたから声をかけた」といった雰囲気で練習中に近づき、何気ない話から始めたほうがスムーズに核心に近づけます。

すでに何度もお伝えしていることですが、私は部員同士の対話や相互理解も大切にしており、そのために「トレ」や「親子制度」などを使いながら「壁」を取り払うよう心がけています。部員たちには「同じ学年、同じ出身校で固まるなよ」「誰が誰と話しても不思議じゃない環境をつくるぞ」と伝えています。

人間は放っておくと好きな者同士で集まってしまいます。ですが、私はそれを「群れ」と呼び、なるべく「群れ」をつくらないように言い聞かせています。「群れは居心地いいもんな。でも、群れの外にいる人は嫌いになって、嫌なところばかり見えるようになってしまうぞ。それでお互いに嫌いになるのは当たり前だ」と。ですから、「群れ」ができてしまったときや嫌い合う部員たちを見つけたときは、「お互いに良いところを5つ探せ」と言います。ちゃんと5つ見つかるのです。

良いところも悪いところも公平に認め、お互いに理解し合うことが部活動全体の「心の一体感」につながると私は思っています。

独特のシステム「部活ノート」「あだ名制度」「親子制度」

心と心が触れ合い、ぶつかり合い、その中から音楽が生まれてくる旭川商業高校吹奏楽部。そこでは、部員が自分の思いや学びを赤裸々に綴る「部活ノート」が重要な役割を果たしています。また、「あだ名制度」「親子制度」が部員の心を支えます。

●「部活ノート」は過去の自分に励まされるツール

「部活ノート」を始めたのは2007年ごろだったと思います。当時、部員数がどんどん増えていました。１冊の「部日誌」を持ち回りで書かせていたのですが、それだと１年間で１人３回も回ってこない状態でした。そこで、１人１冊の部活ノートを始めたわけです。

新入部員は、まず入部すると好きなノートを１冊用意し、最初のページに入部した理由を書いてもらいます。その後は何を書いてもかまいませんし、いつ提出してもオーケーということになっています。「毎週◯曜日に提出」といったように期限を決めると、義務感から書く気がないのに表面的なことだけを書くようになっていくためです（ただし、合宿やコンクールの後など、重要なイベントのタイミングでは全員出すように指示しています）。ルールとしては、「自分に向かって書け」「敬語は使うな」くらいです。

部活ノートは、まず第一に自分自身と向き合うためのツールです。自分に起こった出来事をどう感じ、どう消化するのか。旭川商業の部員たちは、カッコ悪いことも、みっともないことも、すべて正直に書き綴りながら自分というものと対峙します。なかなか乗り越えられない壁もたくさんありますが、それでも自分自身を見つめることをやめずにいることで人間的に成長していきます。そして、しばらく経って部活ノートを読み返したとき、「あのときの自分はこんなに必死に頑張っていたんだ」と過去の自分に励まされるのです。

部活ノートは、顧問である私とのコミュニケーションツールでもあります。私は提出された部活ノートに目を通し、赤ペンでちょっとしたコメントや返事を書き込みます。特に、部活動の時間中にはなかなか話す機会がない部員、話すのが苦手な部員の心の内を知ることができるので、非常に重要なツールとなっています。部活ノートを通じて部活や学校生活、家庭に関する悩み相談を受けることも

多々あります。部員にとっては、自分の気持ちやストレスを吐き出すツールでもあるでしょう。練習で「これが大事」と気づいたことをまとめて記している者もいます。

提出されたノートの数が多いときには、チェックして返事を書くのに4時間かかることもありますが、顧問としては部員たちの状態がわかるため、とても役立っています。

また、部活ノートは部員同士でも「見せて」とお願いして見せ合うことがあります。一般的な高校生は、自分のむき出しの思いを知られるのは嫌がるものだと思いますが、それによって良いところも悪いところもお互いにわかり、相互理解が深まります。部員によっては、何冊も部活ノートを書き連ねていることが自信になっている者もおり、「見せて」と言われることも嬉しいようです。

旭川商業高校吹奏楽部の部員たちが「丸出しの高校生」になって皆さんに感動を与えられる演奏ができるのも、この部活ノートがあることが大きいかもしれません。

部活ノート。部員の想いが綴られている。

●過去の自分をリセットする「あだ名制度」

旭川商業では、部員全員に吹奏楽部オリジナルのあだ名が与えられています。１年生は、毎年５月に行われる「あだ名発表会」でパートの先輩からあだ名を発表され、それを３年間使っていくことになります（卒業後もあだ名で呼び合うことも少なくありません）。あだ名はだいたいその部員が好きなものや関連するキーワードから、連想ゲーム的に言葉をつなげていき、最終的には「爽風（そっぷ）」「御倉（おくら）」「８こう（はちこう）」など造語のようなものになります。

何のためにあだ名をつけるかというと、もちろんお互いに親しみを持って呼び合うという意味もありますが、いちばん大きいのは「過去の自分をリセットする」ということ。旭川商業には、高校から吹奏楽を始めた者もいれば、夢を抱いて入ってきた者、中学時代の経験で何らかのコンプレックスを抱えている者、全日本吹奏楽コンクール出場という輝かしい経歴を持った者など、様々な部員が入ってきます。

しかし、私はこう言います。「中学時代までの経験なんていい。すべて忘れて、ここでみんなゼロから一斉にスタートだ」と。

つまり、あだ名は吹奏楽部に入ったと同時に生まれ変わり、新たな人生が始まることの象徴のようなものです。初心者だろうが引け目を感じる必要はありませんし、全国大会に出場したことがあろうがいばった態度は不適切です。先輩たちからあだ名をもらい、ヨーイドンするのです。

部員たちはあだ名が書かれた名札をつけています。

●コミュニケーションを促進する「親子制度」

旭川商業には「親子BOOK」というファイルがあり、その中にはツーショットの部員たちの写真が並んでいます。これは「親子」のペアを記録したものです。「親子制度」とは、１年生が入部したときに、パートの違う２年生が「親」になって部活動のことなど相談に乗ったり世話をしたりする制度のことです。２年生の「親」

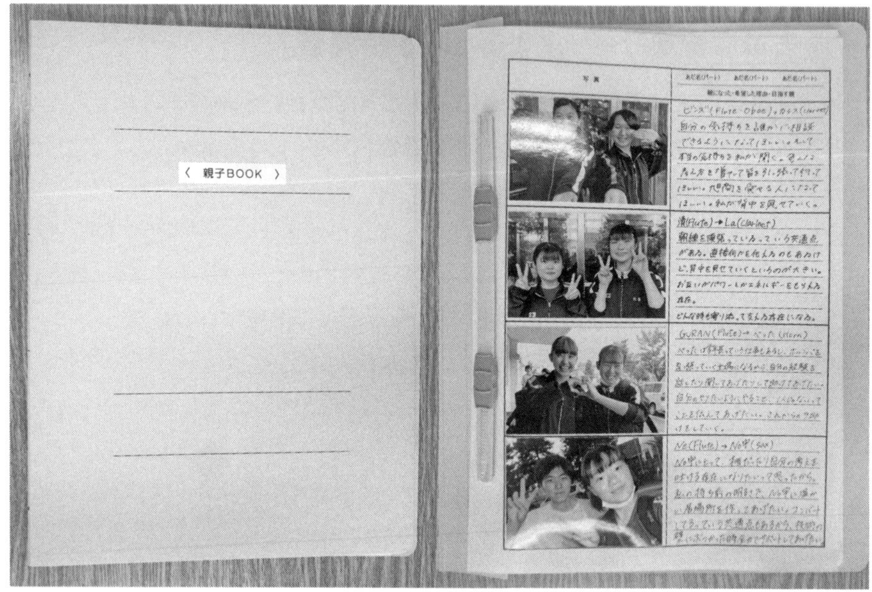

「親子」のペアを記録した「親子BOOK」

には、さらに３年生の「親」がいますので、１年生から見るとその３年生は「祖父／祖母」ということになります（３年生から見ると「孫」です）。

「親子制度」を活用することで、下級生はパートの壁を超えて相談できる上級生ができます（同じパートでは、ライバル関係になることもあるため、敢えて別のパートと組み合わせることにしています）。また、上級生は「子」ができることによって「しっかりした姿を見せなければ」と責任感を持つようになります。

なお、先輩後輩の人数が釣り合わないときですが、先輩が多い場合は先輩2人が「結婚」して後輩１人の面倒を見ます。後輩が多いときは、後輩２人が「双子」になります。

ある卒業生が、「旭川商業は、祖父母・親・自分・子・孫の５代で１家族です」と言っていましたが、まさにそのとおりで、「親子制度」のつながりが家族的な絆になって支え合えるようになっています。

上が「親」、下が「子」の仲良しペア

Method

「コンサート」と「吹奏楽コンクール」の考え方

「感動のバンド」の真骨頂といえるのが定期演奏会など「コンサート」、そして、吹奏楽コンクールです。果たして、佐藤淳先生はステージでの本番に向けてどのように部員たちを導いているのでしょうか？

●コンサートは「部員ファースト」で

コンサートの醍醐味は、自分たちの演奏によって観客を泣かせたり、喜ばせたり、笑わせたり……と狙ったようなリアクションをもらう喜びです。

しかし、それを指導者が1から10まで「ああしろ、こうしろ」と指示してつくり上げても、たとえコンサートとしてのクオリティが高くなったとしても意味がないことだと私は思います。「旭川商業はすごいね」ではなく、「先生がすごいね」になってしまいます。

また、旭川商業のコンサートにはプロの奏者

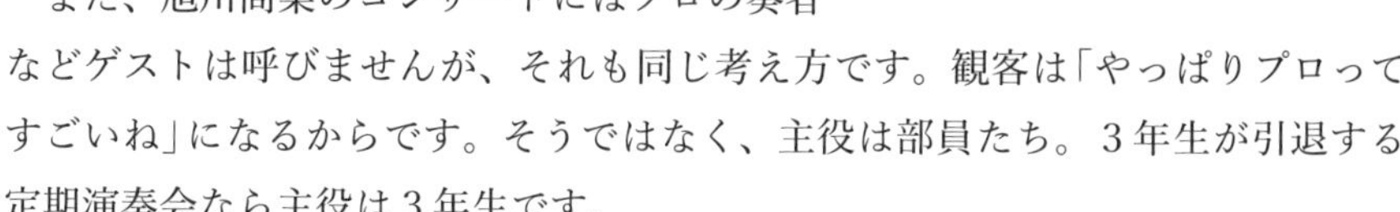

などゲストは呼びませんが、それも同じ考え方です。観客は「やっぱりプロってすごいね」になるからです。そうではなく、主役は部員たち。3年生が引退する定期演奏会なら主役は3年生です。

コンサートの構成も、基本的には部員たちに任せ、私は口出しをしません。任せることには勇気が必要です。失敗する不安やリスクもあるでしょう。しかし、敢えて任せることをおすすめします。そのほうが中学生には中学生の、高校生には高校生の美しさがあらわれます。

それと、コンサートは卒業生へのエールでもあります。旭川商業のコンサートを聴きにきた卒業生たちは口々に「現役はこんなにひたむきになれてすごい」「自分たちも前は同じように輝いていたんだ」「いろいろつらいこともあるけど、あのころを思い出してがんばろう！」と言います。部員たちにとっては、ある意味では世話になった先輩たちへの恩返しができる場でもあるということです。

●コンクールで知る「毎日こそが特別な日」

吹奏楽コンクールについては、多くの指導者が様々な意見を持っており、賛成派も否定派もいることはわかっていますが、これだけ吹奏楽文化が発展したのはコンクールがあったからこそだと思います。音楽というものは、ひとりで練習するよりも、大人数で練習したほうが技術的に成長するものです。また、人間的な成長のきっかけにもなるのがコンクールです。

旭川商業では、吹奏楽コンクールに出場する際には全日本吹奏楽コンクール出場を目指していました。しかし、コンクールに出るのは、いわば「コンクールよりも大切なもの」に気づくため、と言ってもいいかもしれません。

定期演奏会は全員で参加できますが、コンクールはA部門だと55人しか出られません。レギュラーをどう選ぶのか。技術が第一か、みんなと協調できる人間性をとるのか、そこには大きな葛藤が生まれます。それが部員たちの人間的な成長に結びつくのが理想です。

コンクールに向かってレギュラー55人を選ぶと、残り(旭川商業では「ジュニア」と呼んでいます)はあたかも「負けた」ような印象になります。人間的に勝ち負け

旭川商業の定期演奏会が人生を変えた

定期演奏会やコンクールで演奏を披露すると「感動した」「私もがんばります」といった感想をたくさんいただきます。中には、「旭川商業の演奏で人生が変わった」という方もいます。その一例をご紹介しましょう。

だいぶ前のことですが、定期演奏会の前日に私と副顧問は旭川のスナックで一杯飲んでいました。私は疲れが出て寝てしまったのですが、副顧問がたまたま近くに座っていた中年の男性と言葉を交わしたところ、こんなことを言ったんだそうです。

「自分は人生に失敗して大阪からここまで流れてきた。もうどうなってもいい」

そこで、副顧問は「思い詰める前に、このコンサートを聴いてみてほしい」と定期演奏会のチケットを渡しました。

翌日、どうやらその男性は定期演奏会を聴きにきてくれたようです。後日、

がついたわけではないのに、どうしても上下の身分制度ができたように考えてしまうのが高校生です。たとえレギュラーに選ばれても偉ぶってはいけないし、ジュニアになっても凛としていなければいけない、と教えるのが指導者の役割でしょう。

コンクールが近づいてホール練習を行うと、どうしてもレギュラーメンバーがステージで多くの時間を使います。昔は、その間にジュニアが弁当や飲み物の準備などをしていました。すると、勘違いをしたレギュラーメンバーの1人が、用意された麦茶を飲んで「なにこれ、ぬるっ！」と言ったのです。もちろん、私は「自分が言ったことの意味がわかるか？」と叱りましたが、放っておくとそうなってしまうのが人間なのです。いまでは、やはりレギュラーがステージで練習する時間が長いものの、必ず全員で一緒に演奏する時間をつくるようにしています。

ひとつ、ジュニアに大切なことを教えられたエピソードがあります。

その年の部長だった子がメンバーに選ばれず、ジュニアになったことがありました。ですが、その子はただ見ているだけではなく、自ら「ジュニア計画」というものを立ててジュニアのレベルアップのために動き出しました。そして、独自にソロコンテストを行いました。見にいってみると、初心者の子も、レギュラーまであと一歩だった子も精いっぱいの演奏をしていて、私は感動しました。中で

学校に「高校生たちの演奏を聴いて、思い直した。もう一度、がんばってみる」と手紙が届いたのです。

旭川商業の演奏でひとりの人間を救うことができたのも嬉しかったですし、音楽の持つ力、高校生の持つ力を私自身も改めて感じました。

も心を打たれた演奏をした部員を連れていき、レギュラーメンバーの前で改めて楽器を吹かせたところ、そのひたむきさに心を打たれたレギュラーの部員たちが「自分たち、いったい何やってたんだろう」と泣き出したことがありました。

これもまた、コンクールというものを通じての成長や気づきでした。

さて、コンクールの直前や当日にどんなことをしているのかと尋ねられることがありますが、ひと言で言えば「普段と変わらない」です。コンクールのときにはステージ衣装は着ますが、勝負ヘアにしたり、特別な儀式をしたりするのは私はあまり好きではありません。「いつもと同じ」、これに尽きます。

結局のところ、コンクールで普段の練習以上のことはできません。普段の練習が良ければ、コンクールでの演奏も良くなるのです。毎日が大事。毎日が特別な日。そして、コンクールも定期演奏会も、それ以外の本番も、そんな「特別な毎日」

の中の一日であるに過ぎません。

私は、部活動を通じて自己肯定できる人間になってほしいと思っています。コンクールで勝つこと、全国大会で金賞をとることによっても自己肯定はできるでしょう。しかし、それが得られるのは全国でわずかに10校程度。ですから、コンクールの結果がどうであろうと、自己肯定できるバンドになることが大切です。挫折しても立ち上がり、ぶつかり合いながらお互いを理解し合い、前を向いて進み続ける高校生たち。ステージの上でキラキラ輝いている姿こそが、本当の「金賞」ではないかと思うのです。

このような経験を与えられるのが吹奏楽の良いところです。

昨今は部活動について否定的な言説も聞かれますが、学校の部活動だからできること、得られるものがある、部活動は必要なものだと私は確信しています。

伝統のステージ衣装を着用してコンクール本番に向けて演奏をするレギュラーメンバーと指揮する佐藤淳先生（2021年）

先生の思い出アルバム

旭川商業・佐藤先生の「ビギナー時代」

大学まで吹奏楽をまったく知りませんでした

私は学生時代に吹奏楽をやったことがなく、音大もピアノ科だったので、初めて吹奏楽を知ったのは音楽の教員になり、吹奏楽部の顧問を務めるようになってからです。おそらく、読者の中には私と同じような境遇の指導者の方もいらっしゃるのではないでしょうか？

当初、吹奏楽のすべてに戸惑いました。特に、管楽器の「移動ド」。楽器によって、ドがB♭だったりE♭だったりするのはピアノが専門の私には感覚的になかなか受け入れられませんでした。また、調の違う楽器の楽譜が並んだフルスコアが読めず、当初はコンデンススコアを見ていました。管楽器が「作音楽器（奏者がピッチなど正確な音を作らなければならない楽器）」であることも指導の困難さに拍車をかけました。

そこで、私はまずは自分の音楽性にフィットする演奏をしている学校を探し、その演奏を聴いたり、実際に足を運んで先生に教えを請うたりしました。札幌白石高校の米谷久男先生、習志野高校の新妻寛先生のご指導は本当に勉強になりました。そして、吹奏楽が大好きになりました。

指導法を学ぶ上で、実力に定評のある講師の方を呼ぶ方法もありますが、私としては皆さん自身が「ここの演奏がいい」と思ったところへ直接出向いて、ご自身の目で見、肌で感じながら学ぶのがいちばんだと思います。

真似から入っていいのです。真似をして合わなかったら捨てる、いいなと思ったら続ける。そして、自分たちのバンドに合ったやり方にアレンジしていく。それが大切です。私もたくさんの学校の真似をしました。その中から自然に残ったものがこの旭川の風土・人間性などと混ざり合い、オリジナルなものに変化していったのが現在の旭川商業高校吹奏楽部のやり方です。

吹奏楽界の今後を背負っていく皆さんを応援しています。

第6章

ガイドラインもコロナ対策も怖くない!
「時短大作戦」

短時間で集中して効果を上げるためのヒントと方法論

石田修一先生
（千葉県柏市立柏高等学校吹奏楽部顧問）

2018年に通知された「文化部活動の在り方に関する総合的なガイドライン」によって、多くの吹奏楽部で練習時間が短縮・削減されました。また、2020年初頭から広がり始めた新型コロナウイルスの影響で、さらに吹奏楽部の活動には大きな制限が加わりました。そんな状況下で、いかにして部活動を効率的に進め、美しい音楽をつくり上げていけばいいのか。サウンドの抜群の統一感に定評がある千葉県の名門「イチカシ」こと市立柏高校吹奏楽部は、長時間の部活動をしていると思われがちですが、実は通常19時までに練習を終了する効率の良い練習法を実践しています。顧問の石田修一先生のメソッドはきっと大きなヒントになることでしょう！

PROFILE

（いしだ・しゅういち）1954年生まれ。北海道出身。大阪芸術大学音楽学部音楽学科（音楽学専攻）卒。1978年の市立柏高校開校と同時に赴任。吹奏楽部をゼロから起ち上げ、全国有数の強豪バンドへと育て上げる。これまで全日本吹奏楽コンクールに31回出場（金賞18回）。また、自身の編み出した指導メソッドを積極的に伝える活動も行っている。開智国際大学教授。

Method

初心者を短時間で上達させる指導メソッド

初心者の指導は、なかなかやり方がわからなかったり、時間がかかったりするため、悩みを抱えている指導者も少なくないでしょう。石田先生は練習用器具を積極的に活用することで、初心者を短時間で上達させるメソッドを提唱しています。

●フルートの初心者指導

吹奏楽指導の中でもっとも重要であり、大変なのが初心者の指導です。最初の指導が間違っていると、後から修正できなくなったり、良くない癖がついたりすることがあります。また、思うように音が出せず、演奏を諦めてしまうこともあります。

そこで、誤った指導、部員の挫折をできるだけなくすため、フルートの初心者指導には練習器具「PNEUMO PRO」(株式会社ドルチェ楽器)を使用します。この器具はフルートの頭部管を模したボディに、緑・赤・黄・青の小さなプロペラが付いたアームをセットして使用します。ニューモプロの唄口に唇をあてがって息を出すと、プロペラが回転します。唄口の下部に緑があり、赤、黄の順に高さが上がっていき、青は唇の真正面あたりにあります。これによって息の方向と強さが可視化されるわけです。また、プロペラはそれぞれ音域にも対応しており、「緑＝低音域」「赤＝中音域」「黄＝高音域」の息の出し方になります。青のプロペラが回っているときは美しいフルートの音は出ません。

10人の初心者にこのニューモプロを使って鏡の前で「3分間練習＋1分間休み」を3セットやってもらい、その後、フルートの頭部管を吹いてもらったところ、7人はすぐに音を出すことができました。残りの3人も翌日には音が出ました。フルートで音を出す感覚を養う上でニューモプロは効果的であることがわかりました。

なお、頭部管のみで音を出すときには、**A**の音になるようにハーモニーディレクターに合わせて吹くようにすると、フルート(楽器全体)で吹くようになってから音がよく響き、音程も合いやすい傾向があります。

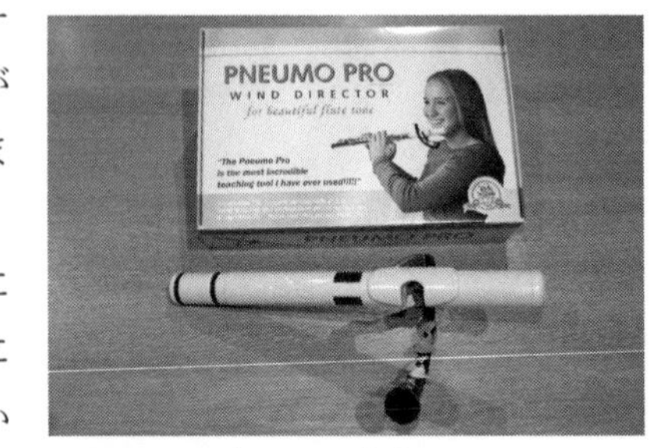

PNEUMO PRO(ニューモプロ)

ある程度フルートで演奏できるようになってからも、楽器に頭部管の代わりにニューモプロを接続して練習をすると良いでしょう。息の方向のチェックが視覚的にできる上、プロペラの回転速度で息のスピードもチェックできます。上級生に吹いてもらって自分のプロペラの回転速度との違いを確認し、それに近づけるように練習を行うことで、短時間で上級生に近づくことができます。

●クラリネット・サクソフォンの初心者指導

クラリネット初心者向けの練習は、まずマウスピースにバレル(樽)をつけた状態で、指導者のハーモニーディレクターに合わせて行います。

①指導者がF#を4拍出し、続いて部員が4拍吹きます。これを3分間1セットで3セット行い、1分間休憩。合計10分。なお、この練習をした初心者は、楽器で吹くようになってから音がよく響き、音程も合いやすい傾向があります。
②楽器を組み立てた状態で、左手の親指・人差し指・中指のみで「ミ・レ・ド」の3音を①と同じ要領で指導者と交互に4拍ずつ出します。3分間1セットで3セット行い、1分間休憩。合計10分。
③最後に《メリーさんのひつじ》(ミレドレミミミ レレレ ミミミ ミレドレミミミ レレミレド)を指導者と交互に4拍ずつ出します。3分間1セットで3セット行い、1分間休憩。合計10分。

サクソフォンの練習もクラリネットと同様に、最初はマウスピースとネックだけで行います。その状態で吹いたときに、「アルトサックス＝A♭」「テナーサックス＝E」「バリトンサックス＝E♭」が出るようにします。これは厳密なものではなく、おおよそその音になれば良いです。

ある程度楽器が上達し、「自宅でも練習をしたい」というレベルになったら、クラリネットとサクソフォンで使える「マウスピースサイレンサー」(Jazzlab)を使用すると良いでしょう。家で楽器を吹くと近所迷惑になることもありますが、このサイレンサーを使うとマウスピースのみでアンブシュアの確認、音程のコントロール、タンギングなどの練習ができます。イチカシでは「マウスピースサイレンサー」を部員たちに貸し出しています。

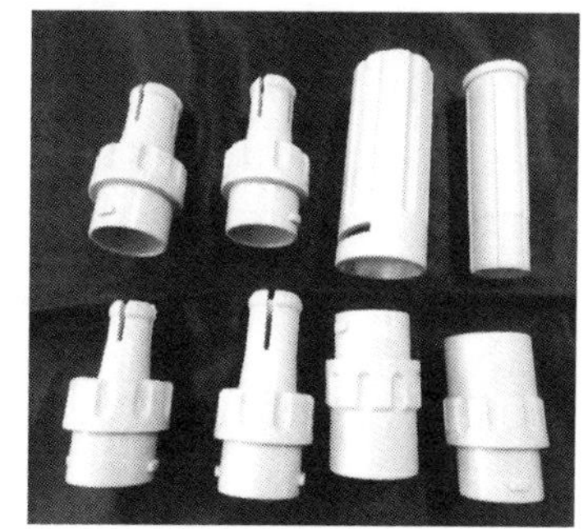

マウスピースサイレンサー

●トランペット・ホルン・ユーフォニアム・トロンボーン・チューバの初心者指導

金管楽器の初心者指導には「アンブシュア・ビジュアライザー」を使用するのが近道です。BachやBrioから発売されており、「練習用リム」とも呼ばれています。金属の輪に棒が付いた形状で、輪が各金管楽器のマウスピースの口径に相当します。この「アンブシュア・ビジュアライザー」を奏者の口元に押し当てることで、演奏中に唇がマウスピースのどの位置にあるかを確認することができます。

これを使って上級者のアンブシュアを確認してみたところ、一定の傾向があることがわかりました。「トランペットのアパーチュア(唇の中心の息の通り道)＝マウスピースの円の中心」「ホルンのアパーチュア＝円の下方」「ユーフォニアム・トロンボーン＝円のかなり下方」「チューバ＝円の中心」となっていました。

部員それぞれに唇の厚さや歯並びが違うため、誰もが上記のとおりでうまく吹けるわけではありませんが、重要な指針を指導者も部員本人も目で見て確認できることが大事なポイントです。これまでは経験と勘に頼っていた部分を、短時間で的確に指導できるようになります。実際、私の調査では、「アンブシュア・ビジュアライザー」を使用した部員は、使用しなかった部員の半分の時間で楽器の音を出せるようになりました。また、やはり人によって向き不向きがあるので、「アンブシュア・ビジュアライザー」を使って10分程度練習してもまったく音が出ない場合は、別の金管楽器や木管楽器にトライさせて、その部員に合った楽器を見つけてあげてください。

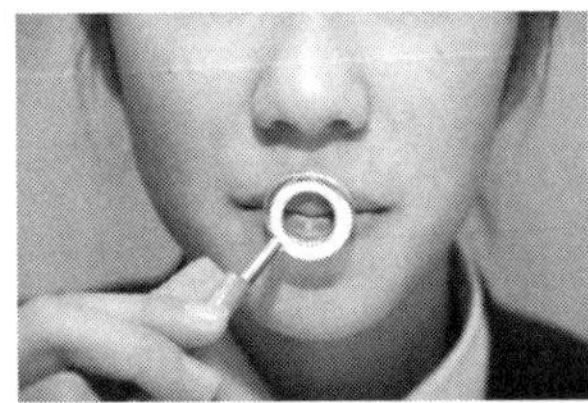

トランペット

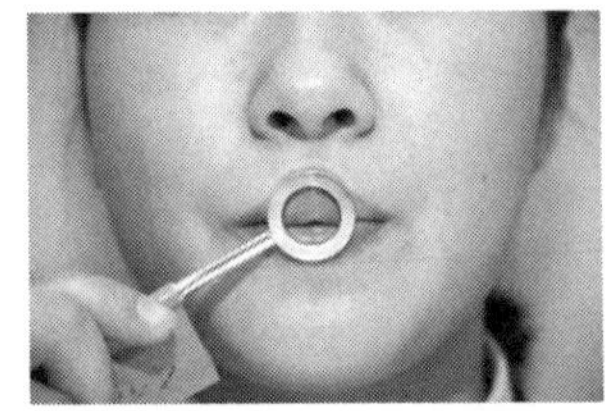

ホルン

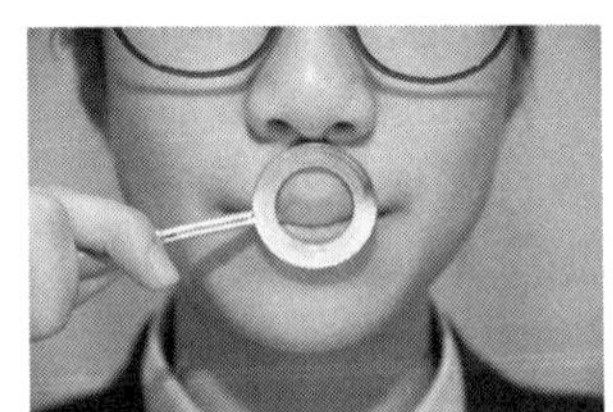

トロンボーン

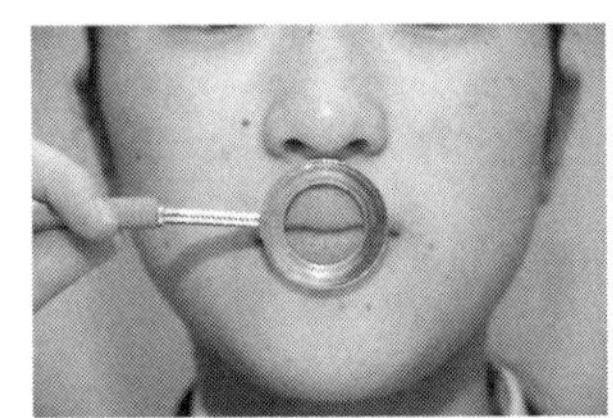

ユーフォニアム

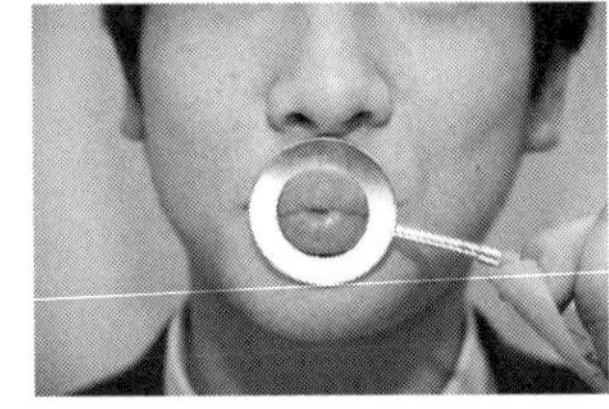

テューバ

●初心者向けの息の出し方、タンギングの練習

すべての管楽器の練習に欠かせないのが、一定のスピードで息を出す練習とタンギングの練習です(コロナ禍では特に衛生面に気をつけましょう)。

まず、一定のスピードで息を出す練習ですが、ホームセンターなどで売られている透明のビニールホースを用意してください。一方の先にマウスピースを取り付け、まずは上級者がそれを吹きます。初心者は反対側を自分の顔(頬など)に当て、上級者の息のスピードを体感します。そして、次に自分でマウスピースから息を吹き込み、上級者の息のスピードに近づけるように練習します。

また、息のスピードを一定にコントロールして出し続ける練習のためには、透明なコップとストローを用意してください。コップに水を入れ、ストローで息を入れます。ぶくぶくと泡が出ますが、その泡がより長く一定に続くように練習をします。なお、ストローの直径は担当する楽器の大きさに合わせ、大きな楽器は太いストローを用いると良いでしょう。

このような息の出し方の練習は、言葉であれこれ説明するよりも、道具を活用して肌で感じたり、目で見て理解できたりする練習のほうが短時間で効果があります。

タンギングの練習ですが、「ザ・スタッカート」(株式会社ベストブラス)という器具がおすすめです。黒い板に船底のような形状のアクリルが付いた、一見するとシンプルなものです。このアクリルに向けてタンギングをしながら息を吹きかけると、アクリルが黒い板に当たってリズミカルにカツカツと音がします。この「ザ・スタッカート」は初心者だけでなく、それなりに楽器に慣れた部員でもダブルタンギングやトリプルタンギングの練習に使用できます。

ビニールホース練習

ビニールホース、コップとストロー、「ザ・スタッカート」を使った練習は楽器がなくてもできますので、自宅でも部員が自主的に練習できるものです。特にコロナ禍では部活動が休みになる期間が増えていますが、これらを活用すれば住宅事情のため自宅で楽器が吹けない部員でも練習することができます。

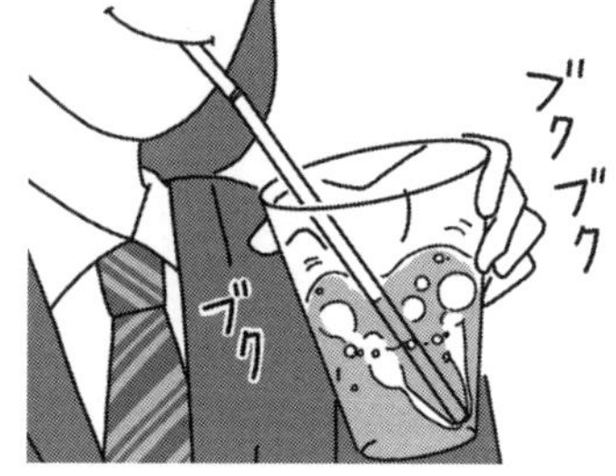

コップとストロー練習

イチカシが実践しているコロナ対策

★管楽器用のマスクも自作

新型コロナウイルスの対策としてイチカシが実践しているのは、全員がフェイスシールドをつけ、不織布のマスクに切り込みを入れて演奏中も着用する、ということです。また、手袋や消毒薬も用意しており、使用したものは必ず自分たちで消毒するようにしています。

練習前と終了後には全員が検温をしてチェック用紙に記入しています。それ以外に朝と就寝前にも検温し、Google Classroomで報告するようにしています。

また、管楽器用にベルに被せるマスクもありますが、これは自作しています。作り方は下のイラストをご覧ください。①不織布にベルのサイズとベル＋６センチほどの円の型取りをします。②型の外周で切り取ります。③外周がベルのサイズの線に重なるように折り返し、ミシン等で縫い付けます。このとき、ゴムを通す部分だけ縫い付けずに空けておきます。④縫い付けた部分にゴムを通します。⑤ゴムを結んで完成です。

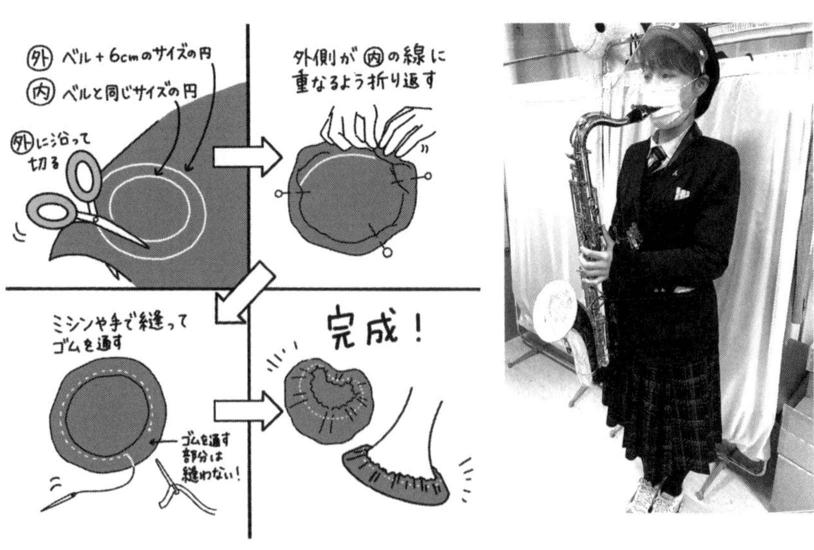

Method

60分以内に完結する基礎練習レシピ

基礎練習こそが音楽の力を下支えし、形作ります。石田先生が提唱する「基礎練習レシピ(サウンドトレーニング)」は「55人で60分」を想定していますが、個々のバンドの人数や事情に合わせて練習をカスタマイズし、実践してみてください。練習を重ねると、時間は短縮されていきます(衛生面に気をつけて行いましょう)。

基礎練習レシピ

❶笑う練習（1分）
❷あいうべ体操（1分）
❸ピアノを聴いて歌いましょう！(30秒)
❹足上げ呼吸（1分）
❺楽器に息入れ(10秒×7回×2セット)
❻アンブシュアチェック(6秒×16楽器＝96秒)
❼ウォーミングアップ(1分)
❽チューニング(1人20秒×人数)
❾倍音練習(9分30秒)
❿ユニゾンスケール(9分30秒)
⓫通常のスケール(1分30秒)
⓬バトンリレースケール(8分30秒)
⓭コラール練習(6分40秒)

❶笑う練習(1分)

基礎練習の最初に1分間、全員で大きな声で笑い続けます。隣の人と顔を見合わせ、表情は「変顔」にしてお互いに笑わせます。「笑う練習」は顔のストレッチにもなりますし、本気で取り組むとすぐにバンドのサウンドが変化します。

「笑い」の意義は大いにあります。私はこんな実験をしました。何かを競わせるときや音の変化を感じ取らせるときなどに「真剣に集中してやりましょう。まず目をつぶって」など堅苦しい雰囲気にした場合と、「今日いちばん楽しかったことを隣の人と笑いながら話してごらん」と笑わせてから始めた場合では、明らかに後者の方が、結果が向上します。「笑うバンドには福来たる」です。

❷あいうべ体操(1分)

「あいうべ〜」と大きな声で叫び、「べ〜」のところで突き出した舌が自分の顎にくっつくくらい伸ばします。顔と舌の体操です。

なお、レシピのメニューを進める際にいちいち「それでは、次にあいうべ体操をやります」などと言わず、「はい！」の一言でテンポよく次へ進めていきます。ストップウォッチを使って計時し、時間短縮を目指しましょう。

❸ピアノを聴いて歌いましょう!(30秒)

※巻末の掲載資料リンクQRコードをご参照ください

下記の譜例をまず先生またはリーダーがピアノで演奏し、それを聴いて部員たちが階名(ドレミファソラシド)で歌う練習です。声の大きさ、音程、リズムを正確に覚えて歌うことが大事です。

❹足上げ呼吸(1分)

椅子に座った状態で行います。
「テンポ60(♩＝60)で4拍息を吸う」→「2拍止める」→「体を後ろに倒して両足を上げ、8拍かけて息を吐く」

これを4セット行います。

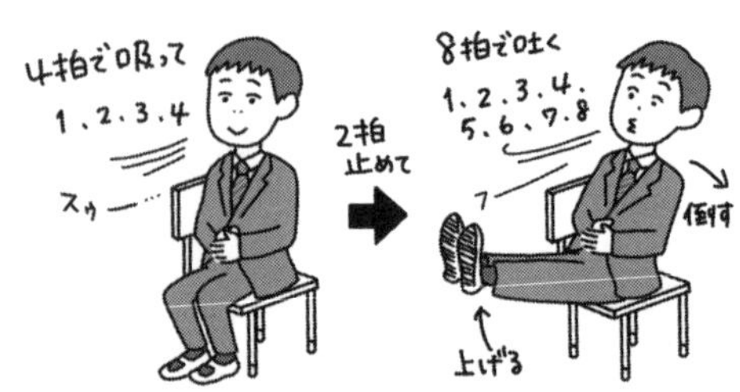

❺楽器に息入れ（10秒×7回×2セット）

音を出す前に、楽器に暖かい息を入れて暖めます。「暖かい息」とは、寒い日に手をハーッと吹いて暖めるときの息。逆に、「冷たい息」とは、熱い食べ物を食べる前にフーッと吹いて冷ますときの息です。

息入れのとき、楽器からマウスピースを外し、管体に直接口をつけます。「テンポ60（♩＝60）で４拍吸う」→「２拍止める」→「４拍かけて楽器に息を入れる」のを７回×２セット行います。７回の間にトロンボーンは第１〜７ポジションまで１回ごとに管体を長くしていきます。ピストンの楽器は、ピストンを押さないところからすべてのピストンを押すところまでいきます。木管楽器の場合は、キーをまったく押さないところから、７回目ですべてのキーを塞ぐところまで、自分自身でキーを塞いでいくパターンを決めてやっていきます。

なお、打楽器はこの間に腕のストレッチをし、その後、ダンベルや水を入れた２リットルのペットボトルを使って筋トレをします。

❻アンブシュアチェック（6秒×16楽器＝96秒）

※巻末の掲載資料リンクQRコードをご参照ください

できれば１人ずつ、時間がないときには楽器ごとに行います。フルートは頭部管、クラリネットはマウスピース＋バレル、サクソフォンはマウスピース＋ネック、金管楽器はマウスピースのみを使用します。

テンポ60（♩＝60）で、１人（または１楽器）が４拍伸ばし、２拍空けて、次の人（または次の楽器）が４拍伸ばす、ということを繰り返していきます。

それぞれの楽器が出す適切な音の高さは下記の楽譜にあるとおりです。各楽器が音を出すときは、同じ音をハーモニーディレクターで出し、それに合わせるように吹きます。なお、初心者の場合は必ず個別にレッスンすることをおすすめします。

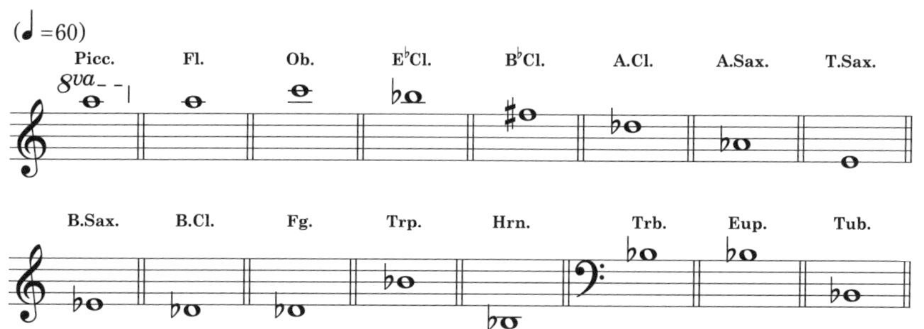

❼ウォーミングアップ（1分） ※巻末の掲載資料リンクQRコードをご参照ください

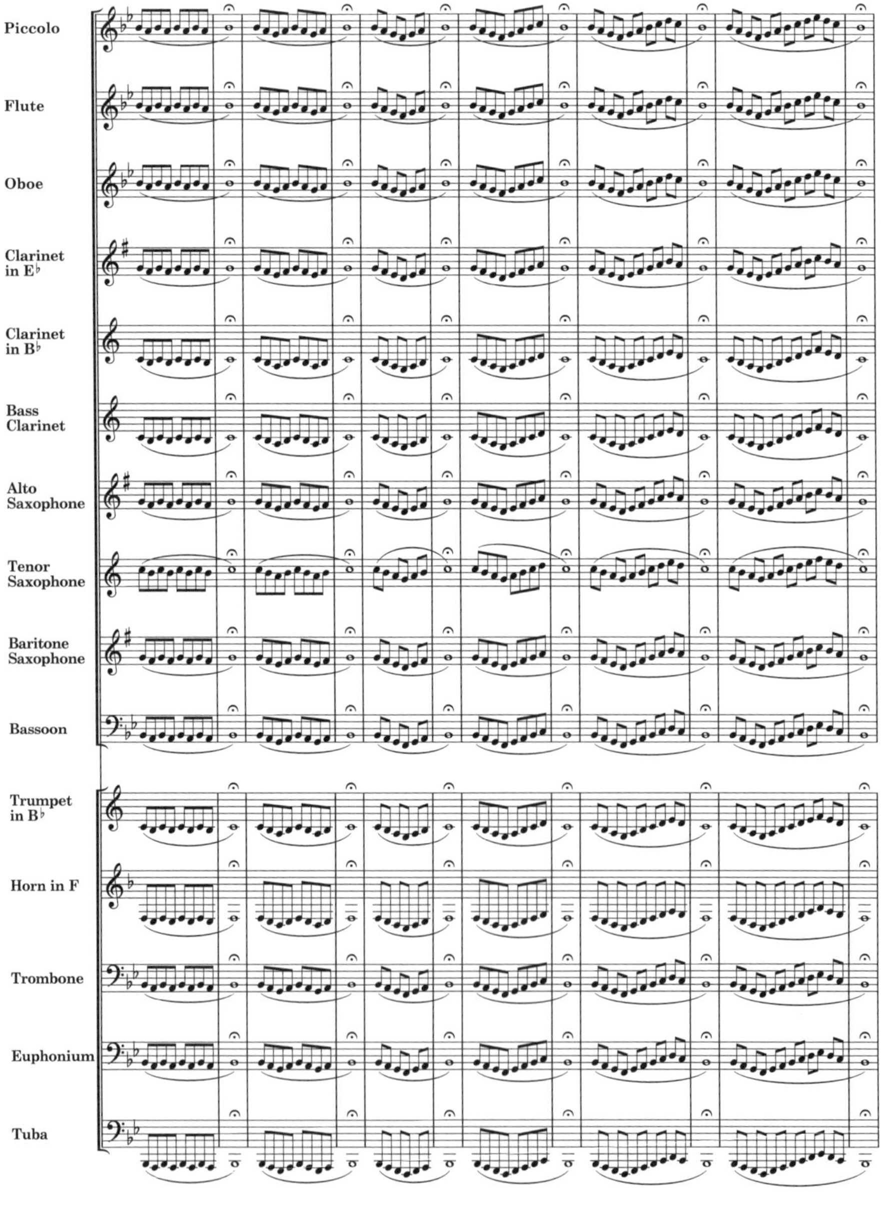

楽譜のようにチューニングのB♭の1オクターブ下から始め、徐々に音域を広げていきます。テンポは、最初は無理のない速さから始め、最終的には♩＝172で練習するようにしましょう。

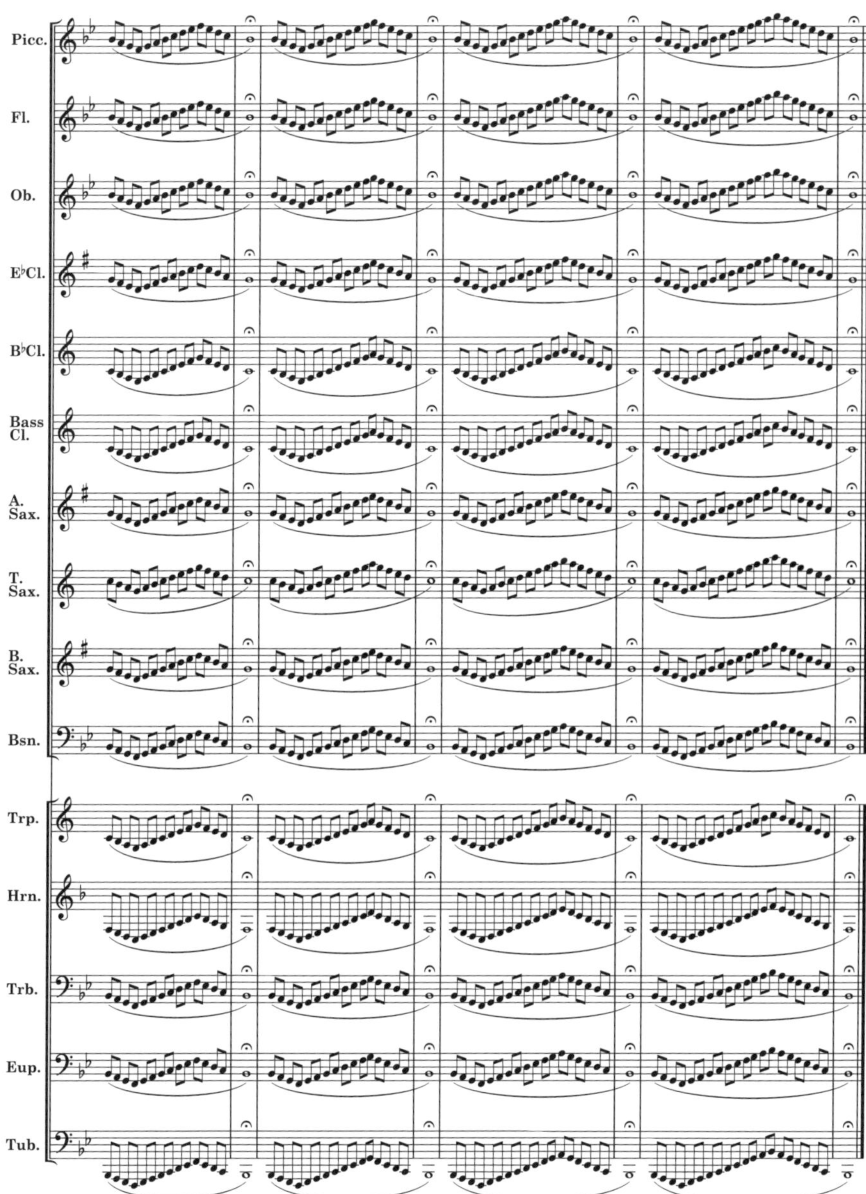

❽チューニング（1人20秒×人数）

※巻末の掲載資料リンクQRコードをご参照ください

チューニングは『JBCバンドスタディ』（ヤマハミュージックメディア）を参考にして行います。リーダーがハーモニーディレクターで先に音を出し、奏者がそれ

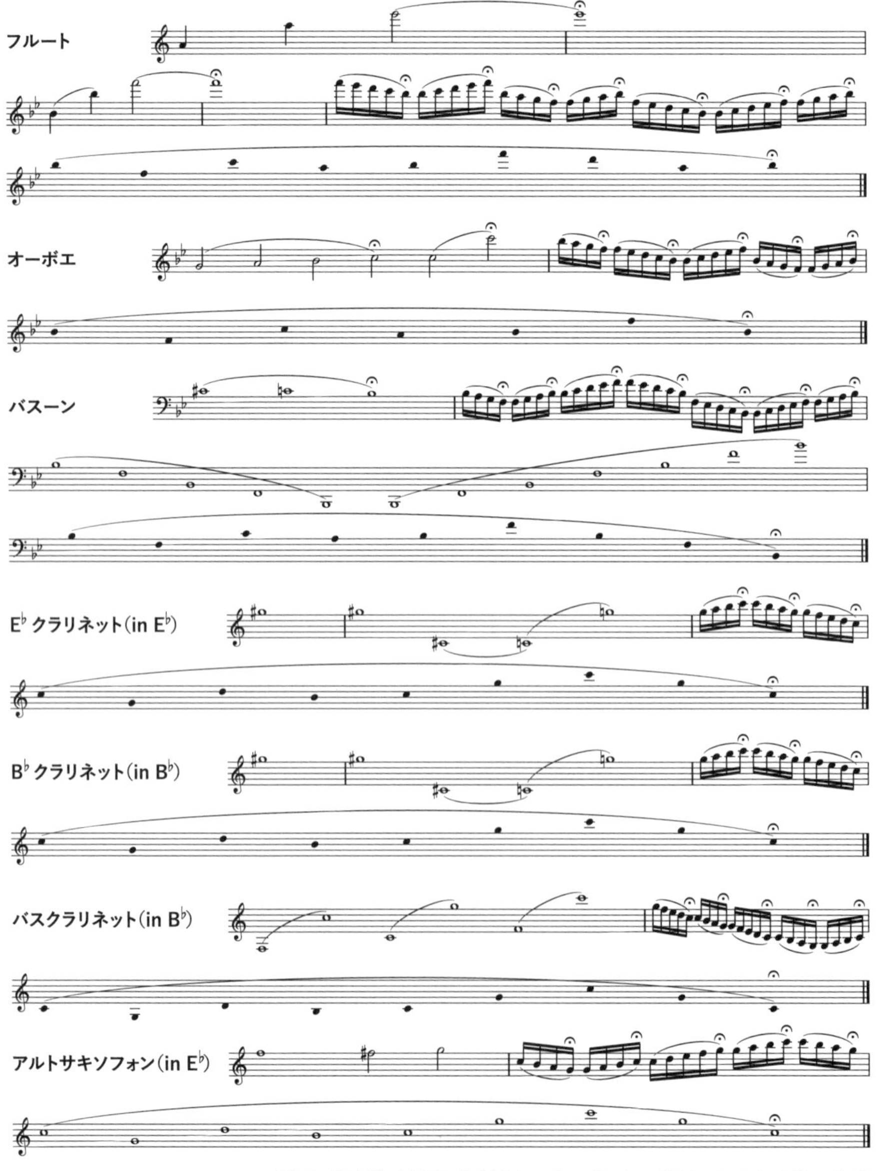

JBCバンドスタディより引用　株式会社ヤマハミュージックエンタテインメントホールディングス版

に合わせます。このとき、最初に❻のアンブシュアチェックを行ってからマウスピースを楽器に装着し、チューニングを行うとより効果的でしょう。また、複数のハーモニーディレクターがある場合は、何カ所かに分かれて同時にチューニングを進めてもかまいません。

JBCバンドスタディより引用　株式会社ヤマハミュージックエンタテインメントホールディングス版

❾倍音練習（9分30秒） ※巻末の掲載資料リンクQRコードをご参照ください

豊かな倍音を響かせるための練習です。A(低音／バスクラリネット、ファゴット、バリトンサックス、バストロンボーン、チューバ、コントラバス)・B(中音／アルトクラリネット、テナーサックス、ホルン、ユーフォニアム、トロンボーン)・C(高音／オーボエ、2nd・3rdクラリネット、アルトサックス、トランペット)・D(最高音／ピッコロ、フルート、**E♭**クラリネット、1stクラリネット、ソプラノサックス)の4つのグループに分かれて順番に楽器の音を重ねていきます。重ね方は下記の譜例を参考にしてください。

本書には**B♭**のスケールの楽譜のみを掲載していますが、**E♭・F・G・C**でも練習します。出している音に加え、5度・3度……といった倍音が聞こえてくれば最高です。

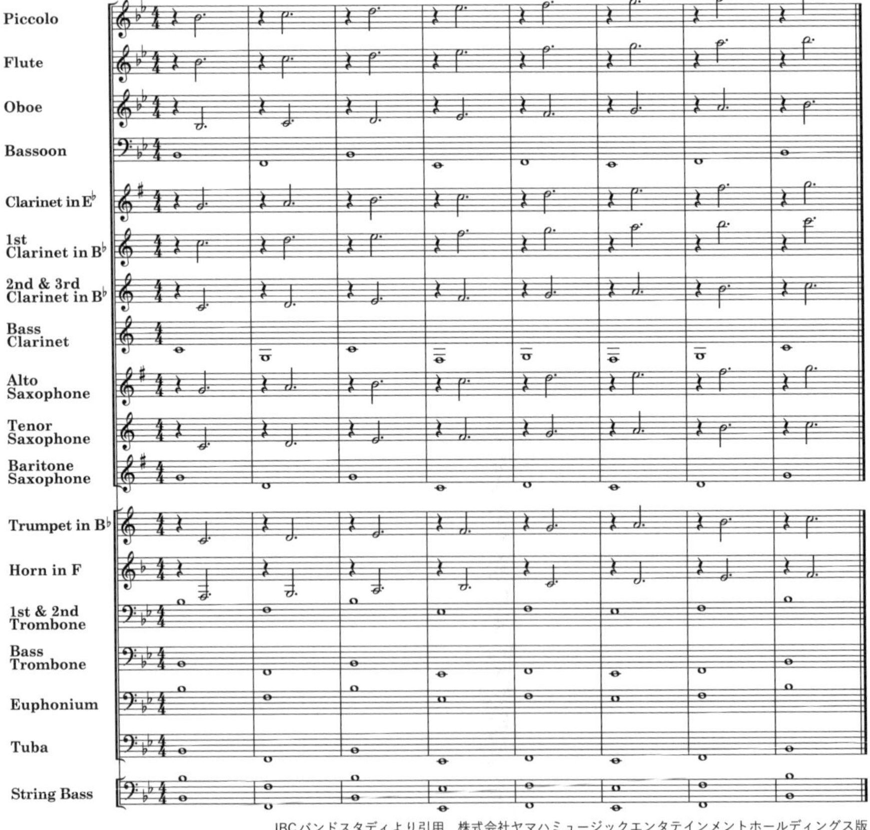

JBCバンドスタディより引用　株式会社ヤマハミュージックエンタテインメントホールディングス版

⑩ユニゾンスケール（9分30秒）

※巻末の掲載資料リンクQRコードをご参照ください

下記の楽譜を参考に行ってください。基本は**B♭ major**のスケールです。まず、ハーモニーディレクターの**B♭**の音を４拍聴き、４拍かけて息を吸います。このとき、❹の「足上げ呼吸」をするとより効果的です。そして、２拍空け、「ア」の発音で**B♭**を４拍歌います。その後、２拍空け、４拍かけて吸い（足上げ呼吸）、金管はマウスピースで、木管は歌で**B♭**を４拍出します。その後、３拍空け（金管はマウスピースを楽器に装着）、１拍で息を吸い、**B♭**を４拍ロングトーン。

その後、２拍空けて、今度は**C**で……というように**B♭ major**のスケールを上がっていきます。１オクターブ上の**B♭**まで行ったら、今度は下まで下降します。

すべてやるのは大変ですが、３週間ほど練習すると非常に豊かなサウンドが生まれるようになりますので、ぜひやってみてください。

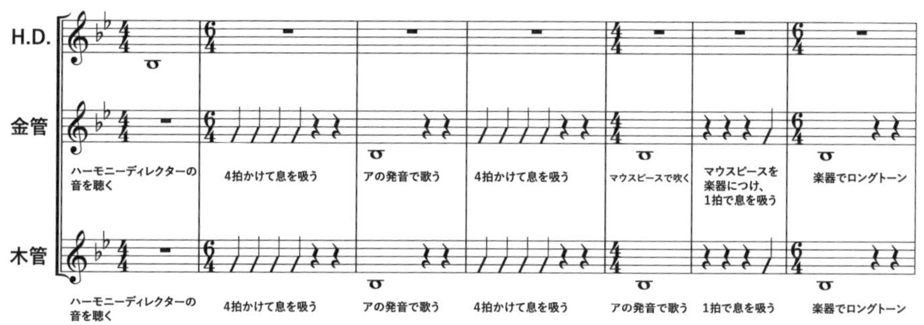

JBCバンドスタディより引用　株式会社ヤマハミュージックエンタテインメントホールディングス版

⑪通常のスケール（1分30秒） ※巻末の掲載資料リンクQRコードをご参照ください

スケール練習は、下記の楽譜に則って行います。時間があるときには全調をやると良いですが、通常は1日3調ずつやっていくことをおすすめします。

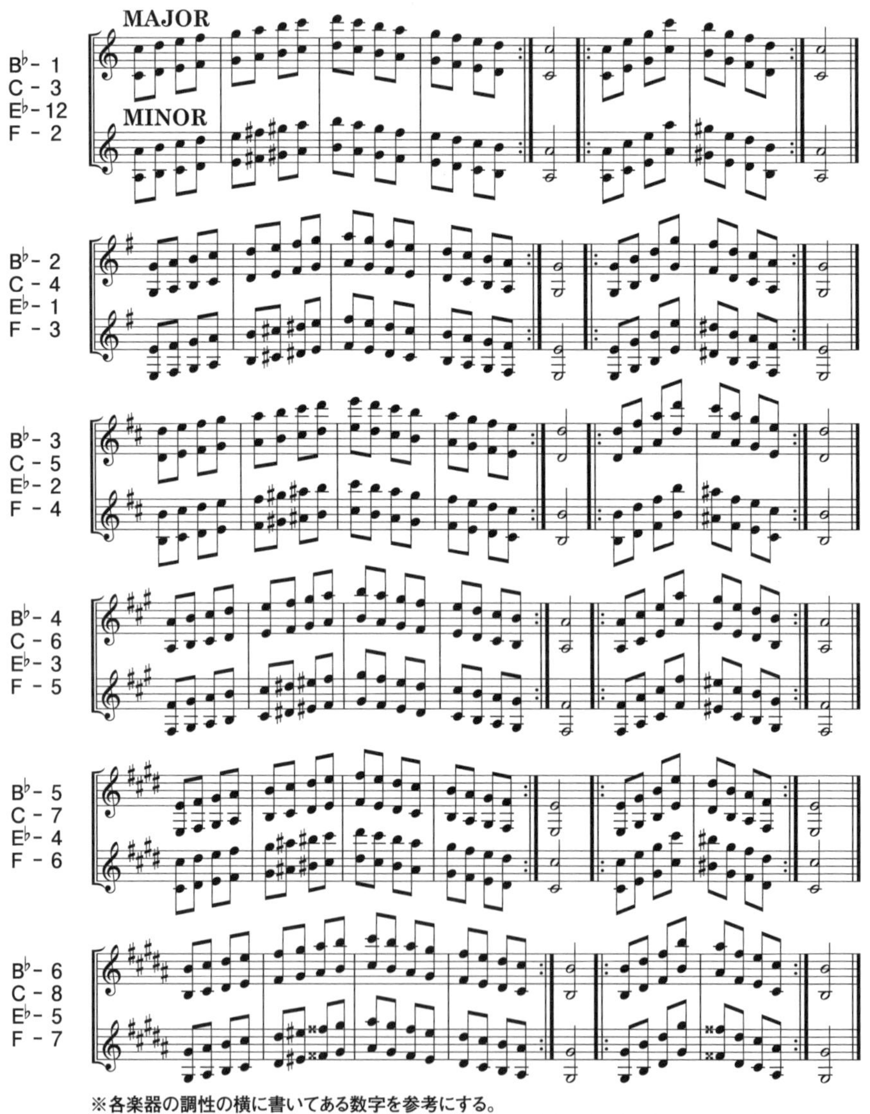

※各楽器の調性の横に書いてある数字を参考にする。

1. B♭ major, G minor
2. F major, D minor
3. C major, A minor
4. G major, E minor
5. D major, B minor
6. A major, F♯minor
7. F♭major, D♭minor
8. C♭ major, A♭minor
9. G♭ major, E♭minor
10. D♭ major, B♭minor
11. A♭major, F minor
12. E♭major, C minor

JBCバンドスタディより引用　株式会社ヤマハミュージックエンタテインメントホールディングス版

⑫バトンリレースケール（8分30秒）※巻末の掲載資料リンクQRコードをご参照ください

低音グループから半音階で上がっていき、徐々に高音の楽器へとスケールを手渡していく練習法です。下記の楽譜を参考にしてください。重要なのは、グループから次のグループへつなぐとき、その接続部分がわからないくらい自然に聴こえるように演奏することです。

全員で力を合わせて美しいスケールを演奏できるようになったときの喜び、その成功体験は吹奏楽コンクールで金賞を受賞したときの喜びにも匹敵します。実は、日々の練習を自分たちで考え、協力して感動的な美しい音をつくることこそ「金賞よりも大切なこと」なのです。

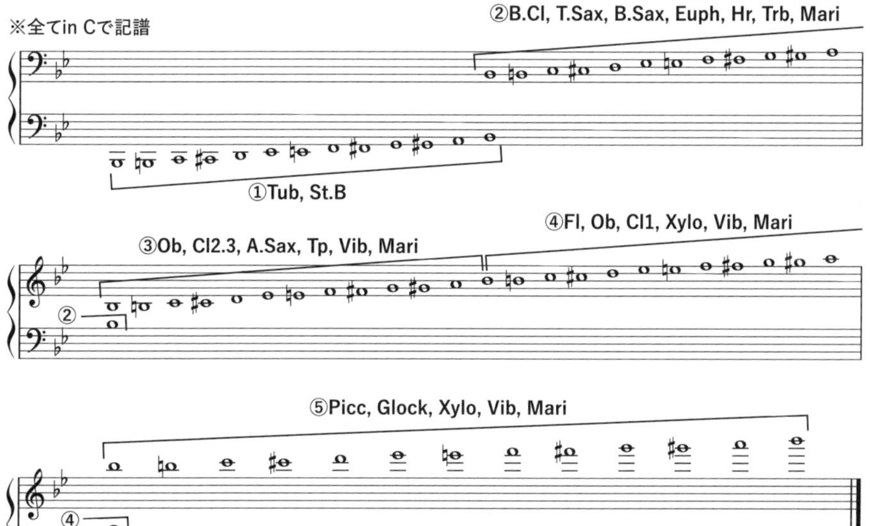

JBCバンドスタディより引用　株式会社ヤマハミュージックエンタテインメントホールディングス版

⑬コラール練習（6分40秒）

毎年同じコラールを使って練習をします。同じ曲を使うことで、過去のサウンドと比較ができます。指揮はなしで、アイコンタクトやブレスによってアインザッツを揃えます。

最初に楽器で演奏し、次に階名で歌い、さらに木管は階名で歌う＆金管はマウスピースで吹きます。

お役立ち column

石田先生の「吹奏楽部員の心をつかむワザ」

★音楽を通じた世界平和という夢を語る!

部員たちの心をつかみ、真剣に部活動に打ち込むようにするために私がしているのは「夢を語ること」です。

では、その「夢」とは何なのか？　究極的には「世界平和」です。

確かに、イチカシは様々なコンテストで高い評価を受けてきていますが、入部してくる生徒たちには「金賞をとるために部活動をやっているんじゃない」と話しています。大好きな吹奏楽を通じて、少しでも世界平和に貢献できたら、というのが私の願いです。

いままで人類が歩んできた歴史を振り返ると、平和につながるものの原点には教育がありました。そして、音楽も平和につながるもののひとつだと思います。指導者は部員たちに音楽の素晴らしさを伝え、一緒に音楽をつくり上げていく。楽器は１人でも演奏できますが、２人でやれば喜びは増し、さらに人数が増えるほど喜びは何倍、何十倍にもなります。みんなの心がひとつになった演奏ができたとき、「生まれてきて良かった！」「人生ってこんなに楽しいものだったんだ！」という喜びが味わえます。それが世界平和の種になります。

音楽室の中で行われている日々の部活動で生まれた種が、家庭や社会、国、海外にまで広がっていって、世界が平和と音楽で包まれるのが私の夢です。そして、その夢を共有することで、部員たちも真剣に部活動や音楽に打ち込むようになるのです。世界平和は「幸せ」と言い換えてもいいでしょう。自分の幸せがみんなの幸せと響き合い、世界の幸せになることを願っています。

Method

統一感のある演奏をつくり出す楽曲練習レシピ

イチカシでは、石田先生がトヨタの自動車製造工程に着想を得たシステマティックな楽曲練習法を採用しています。いわゆる根性論と正反対のアプローチで、一つひとつの音を大切に練習し、それを組み上げて曲をつくり上げていくことによって、人の心に響く美しい音楽が完成します。

①小節番号を入れる

楽曲練習をするときは、必ず楽譜に小節番号をすべて書き入れるようにします。

②楽曲の音数を数える

自分の楽器の楽譜にはどれだけの数の音があるのかを数えます。たとえば、吹奏楽コンクールの課題曲のマーチだと、音数が多い楽器で600前後あります。

③音をすべて♩=60でロングトーン(個人練習)

②で数えた音を「♩＝**60**で１音４拍ロングトーン→５拍目にリリース→６拍目にブレス」という方式で、１音につき６秒かけるロングトーンを行っていきます。すべての音をロングトーンするというと途方もない作業のように思われますが、音数が600ある曲でも60分ですべて終わります。「60分でも長すぎる」と思われる場合も、ぜひ１回だけでもやってみてください。それだけ効果のある練習です。

④同一音のグループでロングトーン(グループ練習)

スコアを見て、同一音で演奏しているグループを同じ色のマーカーで印をつけます。この同一音で演奏しているグループごとに、ハーモニーディレクターに合わせてロングトーンを行います。やり始めは音が合っていないと思います。そこで、次に１人ずつ音を合わせます(グループの人数が多いときは最大８人までとします)。

１音を１人２拍ずつずらしてロングトーンを重ねながら合わせていきます(１人目１拍目スタート→２人目３拍目スタート……)。これでも合わないときは、１人ずつ４拍伸ばし、２拍空けて次の奏者に移ります。

２拍ずつ重ねて揃うようになったら、全員で同時にロングトーンをします。

この練習は、たとえばピアノやギターの演奏前に調律が必要なのと同じで、吹奏楽における調律です。最初は時間がかかりますが、練習を重ねていくと時短ができるようになっていきます。

⑤同一フレーズのパーツ練習

同じモチーフ(動機〜メロディを構成する最小単位のこと)を「パーツ」ととらえ、同じパーツを担当する楽器が集まって練習することをイチカシでは「パーツ練習」と呼んでいます。

イチカシの場合、放課後に６つの教室を使い、パーツ練習をしています。たとえば、第１教室に１stフルート・１stクラリネット、第２教室に２ndフルート・２nd／３rdクラリネット、第３教室に１stトランペット・１stトロンボーン、第４教室に２ndトランペット・２ndトロンボーン、第５教室にテナーサックス・３rdホルン・ユーフォニアム、第６教室にファゴット・バリトンサックス・チューバ・コントラバス、といった形で分かれます。

各教室では、まず、メトロノーム(楽譜のテンポ)とハーモニーディレクターの音に合わせて、全員で③と同じ要領でパーツを「１音ずつ４拍ロングトーン→５拍目にリリース→６拍目にブレス」して、最後に全員でそのフレーズを演奏します。

また、メトロノームに合わせて１人ずつフレーズを吹いていき、すべて同じ奏者が演奏しているように聞こえることを目指す練習法もあります。どうしても合わないときは、手本となる部員ともう１人が向かい合って交互に演奏していくと、だんだんと音が揃ってきます。これを「交互奏」といいます。

あらかじめどのときに、どの教室に、どの楽器が集まって練習するかというのを「組み合わせ表」を作って決めておきます。そして、最初のパーツの練習が終わったら、組み合わせ表に書かれている次のパーツの練習場所へ移動します。

パーツ練習では、同一のモチーフのアーティキュレーションとイントネーションを統一し、音程を合わせるのが目的です。

なお、打楽器は別メニューで練習します(⑧に後述)。

⑥全体ハーモニー練習

合奏隊形になっての練習です。指定されたテンポのメトロノームに合わせて、楽曲を１音ずつロングトーンしていきます。その際、「基礎練習レシピ」❾にあるＡ・Ｂ・Ｃ・Ｄのグループ(４声体。それぞれバス・テノール・アルト・ソプラノに相当します)に分けて、Ａが「４拍ロングトーン→５拍目にリリース→６拍目にブレス」をした後、B→C→Dと続け、最後に全体で「4拍ロングトーン→5拍目にリリース→6拍目にブレス」して、その後、2音目へと移っていきます。ハーモニーが濁っているところが見つかったら、集中的にそこを練習します。

練習を重ねてハーモニーが揃うようになってきたら、ロングトーンを4拍から2拍に減らします。習熟するほど練習時間は短縮されます。

⑦強弱、アゴーギクをつける

指揮者はスコアを見ながら、部員たちに強弱、アゴーギクの指示を伝えます。どの楽器が前に出るのか、ポイントとなる音はどれなのか、といったことも確認しながら、色彩感豊かな演奏を目指しましょう。

⑧打楽器アンサンブルをつくる

管楽器やコントラバスがパーツ練習をしている間、打楽器は別の場所で練習します。メトロノームに合わせて、スネアドラムとマリンバ、シンバルとバスドラムといったようにペアでフレーズを2回演奏し、この組み合わせを変えたり、楽器を増やしたりして、最終的にすべての楽器で演奏します。こうして打楽器パートでアンサンブルをつくり、⑨以降で管楽器やコントラバスと組み合わせます。

⑨全体組み合わせ表作成

合奏の隊形で全体で行う練習です。楽曲の中で、「ハーモニーが濁っている」「リズムが転んでいる」などうまくできていないところを取り出し、重点的に練習します。テンポは楽曲に指定されたもので、メトロノームを使用します。

練習する部分(たとえば楽曲の冒頭のパーツ＝モチーフ)に出てくる和音を、同じ音を出している楽器ごとに「4拍ロングトーン→5拍目にリリース→6拍目にブレス」していき、最後に全体でロングトーンをします。そして、1つのパーツのロングトーンがすべて終わったら、全体でそのパーツを演奏してみます。

どの部分をどのように練習していくかという流れは前もって表にまとめておき、その流れに則って進めていきます。指揮者が前に立つ必要はなく、メトロノームに合わせてどんどん進めていきます。イチカシでは、このように練習を自動的に進められるようにすることを「システム化」と呼んでいます。

⑩テンポを落として通し練習

楽譜に指定されているテンポより3分の2遅くしたテンポで通し練習をします。3分の2だと難しい場合は2分の1のテンポでもかまいません。ただゆっくり演奏するだけでなく、ハーモニー、強弱、アゴーギクをしっかり確認します。

⑪リズムの転び、ハーモニー、ブレンドのチェック
⑫指定のテンポで通し練習

楽譜に指定されたテンポで曲を最後まで通します。演奏は毎回録画・録音します。録音・録画することによって、指導者は演奏を客観的に聴けるようになりますので、そこでリズムの転びがないか、ハーモニーは濁っていないか、音がブレンドされているかをチェックします。

なお、録音・録画したものは、Google Classroomなどのサービスを利用して全員に共有しています。こうすると、行き帰りの電車の中でも聴けますし、生徒たち自身で演奏のチェックができます(イチカシでは連絡事項もGoogle Classroomを使って行っています。古いやり方にとらわれず、新しい方法や機材、サービスなども積極的に使っています)。

⑬離れた場所で聴いてバランスチェック

録音する以外に部員たちの演奏を客観視する方法として、音楽室から離れたところで演奏をチェックする方法があります。

たとえば、音楽室で練習をしているなら、指導者が音楽室の外に出て演奏を聴いてみます。扉を開けたままと閉めた状態、いずれもやってみてください。閉めた状態だと通常より上手に聞こえるはずですが、そのときに「変だな」と感じる部分はホールで演奏する際には大いに問題があるところです。必ず修正をしましょう。

⑭楽器の配置確認

吹奏楽で音を美しくブレンドさせるためには、各奏者の配置ができる限り左右対称になるようにします。また、ステージ最前列に来る奏者は一直線に並ぶことが重要です。

⑮楽曲全体のクライマックス、テンポを再確認

楽曲の物語を部員たちに考えさせ、曲のどの部分がどんなクライマックスなのかを確認します。

また、テンポ感に関しては、奏者全員が同じテンポ感を持つことが重要です。そのためには、曲のテンポに合わせて全員で８分音符でタンギングの練習をすると効果的です。打楽器はタンギングではなく、スティックやマレットをそのテンポで動かしたり、手拍子をしたりします。

⑯楽器配置再確認、楽器の構え方の確認

本番と同じように楽器を配置してみて、問題はないかをチェックします。また、同時に楽器の構え方も確認します。管楽器はベルの高さや角度が奏者ごとに大きく違うと、ハーモニーがきれいに出ません。また、バスドラムも角度によって音の出方が違いますので、チェックしましょう。

⑰本番のとおり入退場練習

練習でしていないことを本番でやろうとすると、戸惑いや動揺、ミスが出ます。前もって本番を想定した入退場の練習をしておきましょう。

⑱楽しい本番

何よりも楽しいのが本番での演奏です。これまでお伝えしてきた地道な練習も、すべて本番のためにあります。本番を楽しむために、本番前に必ず「基礎練習レシピ」❶の「笑う練習」をしましょう。また、楽器の音が出せない場所では、息だけを使って合奏すると良いでしょう。

先生の思い出アルバム

イチカシ・石田先生の「ビギナー時代」

吹奏楽と恩師に出会って人生が変わった

小学生のころの私は手が付けられないヤンチャな生徒で、５分として自分の席に座っていられませんでした。また、掛け算九九もまったく覚えられませんでした。ですが、たまたま小４で担任になった音楽の先生が器楽部を教えていて、私自身はまったくやりたくなかったのに、無理やりシンバルで合奏に参加させられました。そこから音楽の魅力に引き込まれ、「自分も教師になろう」と決めました。

先生には「人生、右に行くか左に行くか迷うときが必ずあるだろう。そのときは、迷わず険しくてつらい道を進め」と言われました。私がいま、吹奏楽部でただ「楽しければいい」というだけの部活動ではなく、１音１音を突き詰めるような練習を部員たちとできているのも、先生のその教えがあったからです。

市立柏高校で吹奏楽部を創設してからは、当時全日本吹奏楽コンクールで活躍していた西宮市立今津中学校の得津武史先生や豊島区立第十中学校の酒井正幸先生、千葉県立銚子商業高校や神奈川大学の小澤俊朗先生の練習を見学させていただき、「吹奏楽指導の職人」になるために勉強をしました。

しかし、いまは職人の時代ではありません。しっかりしたメソッドに基づいて指導していけば誰でも部活動の運営や音楽づくりができることが大事です。本書で私が提唱した指導法をぜひ活用していただけたら嬉しいです。

あとがき

本書の制作作業が終盤を迎えていた10月、2年ぶりに開催された全日本吹奏楽コンクール・中学校の部と高等学校の部を取材するために名古屋国際会議場センチュリーホールを訪れました。

中学校の部では、最小13人の奄美市立朝日中学校を筆頭に、20人台、30人台のバンドが目立ちました。本書に登場してくださった玉寄勝治先生率いる羽村市立羽村第一中学校も31人での出場でした。高等学校の部には伊藤宏樹先生の愛知工業大学名電高校、石田修一先生の柏市立柏高校が出場し、市立柏高校は見事ゴールド金賞に輝きました。

特に中学校は、コロナ禍で練習時間は非常に限られたものとなり、演奏技術を上げることはもちろん、部員たちのモチベーションを維持することも困難だったのではないかと思います。高校では学校ごと、あるいは自治体ごとに制限の差が非常に大きくありました。

ですが、コロナがなかった2年前、あるいはガイドラインの影響がなかった4年前と比べて演奏の質が大きく下がったかというと、そんなことはありませんでした。素晴らしい演奏の連続に「やっぱり日本の吹奏楽のレベルは高い！」と驚嘆せずにはいられませんでした。

そこには、コロナ禍までに積み重ねられてきた練習法やサウンドという「貯金」があったことも事実でしょう。ですが、未曾有の苦境の中でそれぞれの指導者（と部員たち）が必死に「新時代」における部活動のあり方を模索し、実践していった結果でもあります。

今後、かつてのように毎日、長い時間を部活動に費やせる日々は戻ってこないかもしれません。また、少子化が加速していっている状況では、トータルでの部員数の減少＝小編成バンドの増加も時代の趨勢でしょう。

そんな中にあっても、優れた音楽教育と人間教育の場としても、子どもたちがやりがいを感じながら自己実現を果たしたり、自分のアイデンティティを見出したり、仲間と出会ったりする貴重な場としても、吹奏楽／吹奏楽部を維持・発展していくために本書を制作しました。

第1章の都賀城太郎先生は、大編成の強豪から部員数1ケタの極小編成バンドに移られ、旺盛な好奇心とチャレンジ精神の赴くままに前進されてきました。先生の愛情と人間味にあふれる指導法、既存の枠組みにとらわれない自由な精神には心から感銘を受けました。都賀先生は本書には不可欠と考え、ご協力をいただきました。

第2章の玉寄勝治先生の「ひろせま」は、先生の指導法を象徴する音感教育メソッドで、年齢に関係なく児童・生徒・学生(あるいは社会人でも)の音感を養い、楽器を演奏する上での基盤を整えることができます。いまや全国の学校・楽団で採用が広がりつつあり、本書でも必ずご紹介したいと考えていました。

坂下武巳先生の第3章は、2019年に私が鹿児島市立桜丘中学校へ取材に伺った際に拝見した練習の様子をもとにして構成しました。当時に受けた衝撃はいまでも忘れられません。音楽室に響く中学生たちの歌声、豊かな表情や身振り、そして、次々と動き回る「部分練習」……。実は、取材当日の朝に桜島が噴火したのですが、それと同じくらい中学生たちのいきいきとした姿はセンセーショナルに心に焼き付きました。現在は定年退職され、指導者として飛び回る坂下先生。今後のご活躍が楽しみです。

第4章の伊藤宏樹先生は、私が心から尊敬する指導者のひとりです。愛知工業大学名電高校という伝統校を、「ブレンド」という音楽上の大きな武器を持った人気バンドへと発展させたのが宏樹先生です。本書では書ききれなかった運営上の工夫、苦しい状況の部員のサポート体制、感動的なエピソードも数多くあります。部員の皆さんの礼儀正しさ、自主性にも取材をするたびに心を打たれます。

第5章の佐藤淳先生には「熱血先生」「名物顧問」という言葉がぴったりです。旭川商業高校吹奏楽部がオンリーワンのバンドとして全国にその名を知られるようになったのは淳先生の奮闘があったからこそです。決して吹奏楽のエリートではない部員たちが、観客が涙にむせぶような音楽を奏でられるようになる裏側には、一人ひとりと心を通じ合わせ、受け入れ、背中を押し、ともに涙を流す先生の存在があります。本書が制作された2021年度をもって淳先生は定年退職され、第二の人生をスタートされますが、その指導法を多くの方に知っていただきたく、ご協力をお願いしました。

第6章の石田修一先生は、名門イチカシをまさにゼロから育て上げられた「情熱の人」です。「カイゼン」という言葉とともに世界の製造業の手本となったトヨタ自動車にヒントを得て、「パーツ練習」などの練習法を編み出されたことは有名です。イチカシは豊富な練習量でも知られていましたが、ガイドラインが出された後はいち早く対応して「時短」の練習法に取り組み始め、コロナ禍が到来するとそれに加えて徹底した感染症対策も行いました。吹奏楽、特に名門校は保守的なイメージがあるかもしれませんが、石田先生はむしろ「革新派」で、最新の機器やサービスも次々取り入れ、時代に適応されています。その結果生まれた2021年の新イチカシサウンドは見事というほかなく、全日本吹奏楽コンクール金賞に心から賛辞を贈りたいと思います。

本書は、実践可能な指導法を取り入れるということで、取材後の構成作業は困難を極めました。持てる知識を総動員し、多くの資料に当たり、何度も確認を繰り返し……。いままででもっとも苦心(苦戦？)した一冊です。そんな亀の歩みを温かく見守り、ときに背中を押し、陰になり日向になりサポートしてくださった学研プラスの小松義幸さんには感謝してもしきれません。また、ご登場の先生方はじめ、多くの方からご助力をいただきました。

関わってくださったすべての方々の思いを乗せて、本書を読者の皆さんのお手元にお贈りします。いつか皆さんのバンドから、笑顔とともに美しく豊かなサウンドが響き出すことを心から願っています。

2021年11月　吹奏楽作家・オザワ部長

掲載資料データのご案内

第1章「小編成のススメ」

第1章、第6章の本文中に掲載の図表や譜例のpdfデータの一部をQRコードリンク先にアップしましたので、ご活用ください。（全てのデータではありません）

第6章「時短大作戦」

編者紹介

オザワ部長（おざわ・ぶちょう）

世界でただ一人の吹奏楽作家。神奈川県横須賀市出身。早稲田大学第一文学部文芸専修卒。在学中は芥川賞作家・三田誠広に師事。「あるある吹奏楽部」シリーズ（新紀元社）で一世を風靡、吹奏楽ドキュメンタリーの著書に『オザワ部長の吹奏楽部物語　翔べ！ 私たちのコンクール』『中学生ブラバン天国』（学研プラス）、『吹部ノート』シリーズ（KKベストセラーズ）など。『美爆音！ ぼくらの青春シンフォニー　習志野高校吹奏楽部の仲間たち』（岩崎書店）は吹奏楽ドキュメンタリー小説として新境地を拓き好評を博す。近著に『吹奏楽部バンザイ!! コロナに負けない』（ポプラ社）。

今日からはじめる！ すぐできる！ **吹奏楽新時代の指導メソッド**

2021年12月28日　第1刷発行

編者	オザワ部長
著者	都賀城太郎、寺山朋子、玉寄勝治、坂下武巳、伊藤宏樹、佐藤淳、石田修一
カバー・扉イラスト	北原明日香
ブックデザイン	下野ツヨシ（ツヨシ＊グラフィックス）
本文DTP	下野恵美子（ツヨシ＊グラフィックス）
本文イラスト	はしもとあや
協力	藤村女子中学・高等学校、明星大学、愛知工業大学名電高等学校、 北海道旭川商業高等学校、旭川商業高等学校吹奏楽部父母会、 ブレーン株式会社、株式会社ドルチェ楽器、ジャパンライム株式会社 株式会社ヤマハミュージックエンタテインメントホールディングス
発行人	小方桂子
編集人	吉岡　勇
編集	小松義幸
発行所	株式会社 学研プラス　〒141-8415　東京都品川区西五反田2-11-8
印刷	中央精版印刷株式会社

●この本に関する各種お問い合わせ先
本の内容については、下記サイトのお問い合わせフォームよりお願いします。 https://gakken-plus.co.jp/contact/
在庫については　Tel 03-6431-1250（販売部）
不良品（落丁、乱丁）については　Tel 0570-000577　学研業務センター　〒354-0045 埼玉県入間郡三芳町上富279-1
上記以外のお問い合わせは　Tel 0570-056-710（学研グループ総合案内）